웰컴투
인공지능

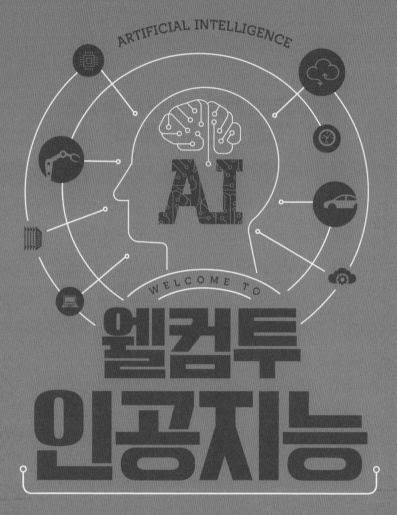

ARTIFICIAL INTELLIGENCE

WELCOME TO

웰컴투
인공지능

이경미 지음

서사원

인공지능의 개념을 이해할 수 있는 '코딩 없는 AI' 입문서

며칠 전 미국 전기자동차 업체인 테슬라의 CEO 일론 머스크Elon Musk는 휴머노이드 로봇 '테슬라봇'의 프로토타입을 2022년에 출시한다고 밝혔다. 이 발표에서 "휴머노이드 로봇이 움직여 오늘날 인간만이 할 수 있는 반복적인 작업을 수행할 수 있다면 인건비를 크게 낮출 것"이고 "이를 통해 세계 경제를 변화시킬 기회가 있다"고 설명했다. 그동안 여러 번 웃음거리가 되었던 일론 머스크의 또 다른 허풍이라고 언론들은 전하고 있지만, 인간을 대신할 수 있는 로봇 작업의 세상이 열릴 수 있다는 그의 메시지 효과는 강렬하다. 2012년 이미지넷ImageNet 경연에서 보여주었던 알렉스넷AlexNet의 놀라운 성과나, 2016년 알파고에서 보여준 구글 딥마인드deep mind의 영향력 정도는 아니지만, 만약 2022년도 프로토타입이 실제로 나온다면 그 파급력은 엄청날 것이다.

세계 대부분의 나라들이 인공지능 기술 개발에 뛰어들고 있다. 워낙 많은 개발자들이 매달리다 보니 인공지능 분야가 빠르게 영역을 확대해 나가고 있고, 기술 구현도 빨라지고 있다. 어디까지가 인공지능이고, 지금 어디에 와 있는지, 전체를 알기가 어렵게 되었다.

그런 면에서 이 책은 입문서로서 꽤 괜찮은 책이다. 인공지능이라는 분야가 왜 생겨났는지, 어떻게 발전해 왔는지, 그리고 어디로 발전해 나가고 있는지 개괄적으로 보여주고 있다. 대부분 인공지능 입문과정에서 마주치게 되는 파이썬python, 자바, C/C++, 자바스크립트와 같은 컴퓨터 언어, 그리고 심층학습을 위한 텐서플로우TensorFlow, 파이토치PyTorch, 케라스Keras, 테아노Theano와 같은 프레임워크라이브러리 모음에서 느끼는 좌절감과 혼돈으로부터 왜 이러한 언어들이 생겨났는지, 무엇을 하기 위해 이러한 코딩을 배우고 있는지를 설명해주는'코딩 없는 AI'입문서이기 때문이다.

지금도 전국의 인공지능 교육 현장에는 저자의 경험담처럼 '왜 이런 코딩을 해야 하는지도 모르고' 그저 안내서에 나와 있는 대로 따라서 하는 학생들이 많다. 이 책은 저자가 현장에서 학생들을 지도하면서 이들이 겪는 어려움을 덜어주기 위해 썼다. 인공지능 역사로부터 인간의 지능이란 무엇인지, 지능의 핵심이라고 하는 학습과 추론은 무엇인지, 그리고 시각vision, 청각, 자연어 처리로 이어지는 지각recognition과 인지cognition가 인공지능에서 어떤 위치인지를 잘 풀어주고 있다.

이러한 인공지능의 핵심적인 논의들을 넘어서서 팬데믹 시대, 재택과 함께 우리가 스스로 물어보는 '직업이란 무엇인가?' 하는 사회적인 문제까지 다루고 있다. 인간들이 처음으로 부딪치고 있는 '새로운 일상'에 대한 의문을 미래로까지 연장해서, 인간과 로봇은 어떻게 공존할 수 있는지, 그러한 사회는 어떤 사회가 될지도 다루고 있다.

이 책이 다루고 있는 내용이 너무 광범위해서 중요한 대목들을 놓치지 않을까 걱정할 수도 있겠지만, 이 책에 나와 있는 참고문헌이나 구글링, 유튜브를 통해 깊은 학습을 할 수 있을 것으로 본다.

참고로 이 책의 저자가 1997년 인공지능 과목을 들으면서 하드 코딩으로 풀어야 했던 과제가 있다. 그것은 아라비아 숫자를 이미지로 읽어 들여서 행렬로 만들어진 숫자 조합을 바탕으로 1부터 9까지 숫자를 인식하는 프로그램으로서 vision 분야에서 흔히 다루는 기초 문제였다. LeCun, Bengio 교수가 쓴 CNN 기반의 손글씨 인식 논문이 1998년에 처음 나왔으니, 이 당시 학생들이 겪었을 황당함은 이제서야 이해할 만하다. 지금은 간단한 파이썬과 텐서플로우 프로그램으로 손글씨를 인식하는 MNIST 데이터 베이스 문제가 대부분 인공지능 책의 실습용으로 제공되고 있다.

늘 학생들을 생각하고, 고민하고, 현장의 문제를 열심히 해결해 나가는, 성실하고 열정적인 이경미 선생의 출판에 경의를 표한다. 1994년 입학 당시 장래희망을 '교사'로 적었던 이경미 선생이 다른 졸업생들과는 달리 학교 현장에서 학생들과 함께 고민하는 교사가 되고, 이런 좋은 책을 내게 되었다는 것 자체가 우리 인간이 지능형 기계들과 어떻게 다를 수 있는지 잘 보여주는 좋은 사례라고 생각한다.

최종욱_㈜마크애니 CEO

인공지능 시대는
새로운 문명입니다

"인공지능 기술은 클라우드 컴퓨팅 유역에서 풍부한 빅데이터를 기반으로, 딥러닝 알고리즘으로 끊임없이 학습하며 새로운 문명의 시대를 열어가고 있다."

B.C. 4000~B.C. 3000년경 큰 강 유역을 중심으로 발달한 인류 최초의 문명 발생지가 있습니다. 티그리스·유프라테스강 유역의 메소포타미아 문명, 나일강변의 이집트 문명, 인도 인더스강 유역의 인더스 문명, 중국 황하강 유역의 황하 문명 이를 세계 4대 문명이라 합니다. 이들 지역은 큰 강 유역에서 발달하였고, 교통이 편리하며, 농업에 유리한 물이 풍부하다는 공통점을 지니고 있습니다. 인공지능 기술은 클라우드 컴퓨팅이라는 큰 강 유역에서 발달하였습니다. 풍부한 물인 '빅데이터'를 기반으로, 인공지능이 스스로 학습하는 '딥러닝 알고리즘' 덕분에 인간의 지능을 뛰어넘는 새로운 문명의 시대가 열렸습니다.

4차 산업혁명 시대에는 '융합'과 '연결'이 중요한 시대라고 합니다. 자신이 담당하는 분야에서 다른 산업과 기술에 융합하고 연결할 수 있는 능력이 필요합니다. 교직에 몸담고 있기에 학생들에게 인공지능 시대를 살아갈 힘을 길러주고 싶었습니다. 이런 생각으로 프로그래밍을 가르치는 저는 당연히 기술에 초점을 맞춘 채, 인공지능 기술을 공부했습니다. 그러나 인공지능 시대에 '기술'보다 '시대'를 이해하는 통찰력이 더 중요하다는 사실을 크게 깨달았습니다. 이 점을 미래 인공지능 시대를 준비하는 많은 분들에게 알려주고 싶었습니다.

쉽게 쓴 인공지능 도서이면서 깊이 있는 내용을 다루었습니다

청소년을 위한 4차 산업혁명이나 인공지능 시대와 관련된 책들이 많이 출판되어 있습니다. 청소년들이 읽고 쉽게 이해할 수 있는 책들입니다. 그렇다 보니 깊이 있는 내용이라는 측면에서 아쉬움이 남습니다. 하지만 이 도서는 학생 및 일반인이 읽기에 쉬우면서도 해당 이슈에 대한 내용을 충분히 다루려고 노력하였습니다. 하나의 주제에 대해 충분한 자료와 의견을 제시하여 깊이 있는 내용을 담았습니다.

코딩보다 인공지능 기술의 개념과 방향 설정이 우선입니다

인공지능을 공부하고 싶다면 가장 먼저 눈에 들어오는 책이 코딩 책입니다. 하지만 아무리 쉬운 파이썬 언어로 작성된 프로그래밍이라고 해도 코딩을 접해보지 않은 사람들에게는 만만치 않습니다. 더욱이 인공지능 기술에 대한 이해 없이 프로그래밍을 하는 것은 의미를 발견하기 어렵습니다. 이 책은 인공지능 기술을 공부하고 싶어하는 사람들이 먼저 읽어야 하는 책입니다. 그리하여 인공지능 기술을 어떻게 활용해야 하는지 이해해야 합니다. 그래야 코딩을 더 잘 이해할 수 있습니다. 인공지능 프로그래밍으로 내가 만들고자 하는 인공지능이 명확해질 것입니다. 기술에 대한 이해 없는 프로그래밍은 어디로 갈지 모르는 배와 같습니다. 우선 인공지능 시대를 살아가는데 필요한 방향 설정을 하는 데 도움이 될 것입니다.

인공지능과 관련한 A to Z 아젠다를 설명 중심으로 총망라하였습니다

저는 인공지능 프로그래밍을 공부하고 싶었습니다. 그래서 인공지능 코딩 책을 보기 시작했습니다. 그런데 도저히 이해가 되지 않는 것입니다. 이 코드들을 가지고 뭘 어떻게 하라는 건지 도대체 모르겠습니다. 그래서 인공지능 책을 읽기 시작했습니다. 그러다 깨달은 것이 인공지능 기술에 대한 이해가 코드보다 먼저라는 사실입니다. 인공지능으로 바뀌게 될 세상과 마주하게 될 모든 사람들이 인공지능 아젠다를 이해해야 합니다. 시대를 읽고 기술을 활용하는 통찰력이 필요합니다.

　누구나 인공지능 시대를 살아가야 합니다. 하지만 인공지능 시대를 기계가 인간을 지배하는 세상, 그로 인해 인간의 일자리가 사라지는 시대와 같은 단편적인 시각으로 접근하면 위험합니다. 게다가 인공지능 시대에 대한 부정적인 시각을 가져 변화를 거부하면 더더욱 위험합니다. 인공지능 시대는 새로운 문명입니다. 문명의 흐름은 거부할 수 없습니다. 문명은 반드시 다가오며 발전합니다. 왜냐하면 인간이 문명을 필요로 하기 때문입니다.

코로나19로 인한 팬데믹 시대에 교육의 자리를 지키며 느낀 점이 있습니다. 교육에서 중요한 것은 다양한 기술이 범람하는 온라인 콘텐츠, 플랫폼, 교수학습 시스템이 아니라 바로 '대면 교육'이라는 역설입니다. 온라인 교육으로는 제대로 된 교육이 이루어지지 않습니다. 얼굴과 얼굴을 맞대고 눈빛을 마주하며 교사와 학생이 함께 하는 교육이어야 효과가 있습니다.

코로나19로 인해 세상은 순식간에 변화되었습니다. 변화된 세상에 태생부터 적응이 된 MZ세대들은 오히려 익숙하고 편안함을 느꼈습니다. 반면, 변화의 물결을 애써 부인하며 살아온 사람들은 혼돈의 시대를 맞이하였습니다. 인공지능 시대가 가져올 또 하나의 문명에 적응하고 살아남기 위해서는 인공지능 기술보다 시대에 대한 이해가 우선되어야 합니다. 자신이 하는 일에서 인공지능이 어떤 의미가 있을지 절실하게 고민해야 합니다. 그리고 인공지능과 함께 일하는 방법을 강구하고 거기에 맞는 능력을 계발하여야 합니다.

인간이 계발해야 할 능력은 기계가 대체하기 어려운 능력입니다. 오히려 이 점이 인간을 인간답게 만들 수 있습니다. 우리가 가진 인간다움을 잃어버리지 않으면서 인공지능 시대를 준비한다면 새 시대를 두려워할 필요가 없습니다. 인간은 단순 노동으로부터 해방되며 창의적이고 생산적인 일에 참여하는 고차원적인 일을 하게 될 것입니다.

이 도서는 'AI란 무엇인가'라는 주제로 집필했습니다. 많은 사람들이,

AI에 대한 교양적 지식, 메커니즘, 역사, 개념, 원리 등을 알 수 있도록 집필하였습니다. 뿐만 아니라, 일자리와 교육의 미래까지 함께 다루었습니다. 즉, AI와 관련된 거의 모든 지식을 총망라하였습니다. 왜냐하면, 이미 성큼 다가온 AI 시대를 준비하는 데 있어 무엇부터 시작해야 할지 모르는 사람들을 위해서입니다. AI 시대의 이해와 더불어 기술에 대한 개념을 쉽게 접근할 수 있도록 설명하였습니다. 이 책을 읽는 독자마다 새로운 시각을 가질 수 있는 기회가 되길 바랍니다.

교사라는 직업은 끊임없이 공부하며 제자들에게 길을 안내해야 합니다. 대부분의 지식이 내가 이미 습득한 것이 아니라 계속해서 변화하는 기술이기 때문입니다. 제자들 덕분에 매번 새로운 것을 공부해야 함이 힘들기도 합니다. 하지만 학생들과 함께 성장하는 것은 보람이고 기쁨이 됩니다. 책을 집필할 수 있도록 많은 시간 엄마와 아내의 자리를 양보해주고 응원해준 사랑하는 가족에게 고마움을 전합니다. 무엇보다 새로운 도전으로 인도하시고 때마다 호흡과 능력을 주시는 분께 감사드립니다.

다음 세대가 새로운 문명을 살아갈 힘을 갖도록

2021년 가을
이경미

차례

PART 1   인공지능이란 무엇인가?

PART 2 인공지능의 역사

PART 5 인공지능은 인간의 한계를 넘어서고 있다

PART 6 인공지능의 미래는 어떻게 될 것인가?

PART 7 인공지능 시대 무엇을 해야 할까?

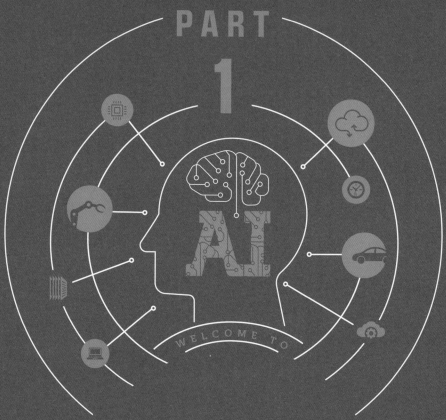

PART

1

AI

WELCOME TO

인공지능이란
무엇인가?

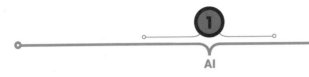

AI

인공지능이란
무엇인가?

인공지능을 한마디로 표현하기는 매우 어렵다. 인공지능에는 철학, 사회학, 수학, 컴퓨터 공학 및 인문학까지 모든 학문이 담겨 있다. 인공지능 기술은 1950년대부터 시작된 아주 오래된 기술이다. 한국 사회는 2016년 알파고 대국 이후 '인공지능 시대가 온다. 인간의 일자리가 사라진다. 인공지능이 인간을 지배한다' 등 두려움이 끊임없이 일고 있다. 인공지능 기술은 아직 많은 한계를 가지고 있으며 인간을 지배할 수 있는 수준이 아니다. 안심해도 된다. 인공지능 시대는 이미 왔고 그로 인한 사회의 변화는 많은 분야에서 일어나고 있다. 미래는 인공지능 시대를 지배하는 사람이 되어야 한다. 인공지능 시대와 기술을 정확히 이해하고 제대로 활용할 수 있는 통찰력이 필요하다.

+ 인공지능의 정의

우리에게 인공지능이 알려진 사건이 있다. 2016년 구글의 딥마인드_{Deep}
Mind가 개발한 인공지능 바둑 프로그램인 알파고_{AlphaGo}가 이세돌 9단을 4대
1로 꺾은 일이다. 이 사건을 계기로 인공지능이라는 용어가 대중화되었고
사회에 미친 영향은 충격적이었다. 인공지능은 인간의 학습능력, 추론능
력, 지각능력 외에 인공적으로 구현한 컴퓨터 프로그램 또는 이를 포함한
컴퓨터 시스템을 말한다. 지능을 갖고 있는 컴퓨터 시스템이며, 인간의 지
능을 기계 등에 인공적으로 구현한 것이다. ^{위키백과} 인공지능을 한마디로 정
의하기는 매우 어렵고 제대로 표현할 수도 없다. 인공지능에는 다양한 학
문이 융합되어 있으며, 단순히 컴퓨터 기술로만 생각해서는 안된다. 하지
만 컴퓨터 기술을 모른다면 인공지능을 제대로 이해하기는 어렵다.

+ 인공지능의 역사

필자는 1997년 대학교 재학시절 인공지능_{Artificial Intelligence} 과목을 수강했다.
전공 필수였으니 엄밀히 말하면 무조건 들어야 했다. 교수님께서 내주신
과제는 '컴퓨터가 영문자를 인식하는 프로그램을 C언어로 작성하라는 것'
이었다. 그 당시 인공지능에 대한 이해도 기술도 모른채 밤새 프로그래밍
을 했는데 결과가 잘 나오지 않았다. 과제는 해야 하니 할 수 없이 하드 코
딩_{프로그램의 소스 코드에 결괏값을 직접 입력한 경우}을 했다. 지금 생각해보면 웃기면서도
슬픈 일이다. 1990년대 우리나라는 인공지능이 생소한 시기였고 마땅한
교재도 없어 원서로 수업을 했다.

인공지능은 컴퓨터의 태생과 함께 시작된 오래된 기술이다. 최초의 컴퓨터는 1946년 미국의 모클리Mauchly와 애커드Eckert에 의해 개발된 에니악ENIAC이다. 에니악은 현재와 같은 프로그램 기억 방식이 아니라, 프로그램을 배선판에 일일이 배선하는 외부 프로그램 방식이었다.위키백과 지금의 컴퓨터 구조를 최초로 만든 사람은 존 폰 노이만John Von-Neumann이다. 1945년 폰 노이만이 발표한 논문 "전자계산기의 이론 설계 서론"에서 CPU, 메모리, 프로그램 구조를 갖는 프로그램 내장 방식의 컴퓨터 구조를 제시하였다.

인공지능의 시작은 언제부터인가? 1950년 영국 수학자 앨런 튜링은 "계산 기계와 지능Computing Machinery and Intelligence"이라는 논문을 발표했다. 이

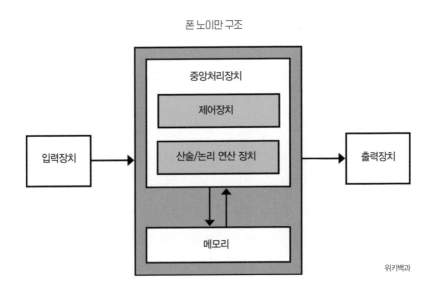

폰 노이만 구조

중앙처리장치

제어장치

산술/논리 연산 장치

입력장치

출력장치

메모리

위키백과

프로그램 내장방식은 중앙처리장치(CPU) 옆에 기억장치(memory)를 두어, 프로그램과 자료를 기억장치에 저장해 놓았다가 명령에 따라 순차적으로 처리하는 방식이다.

논문에서 기계가 생각할 수 있는 방법 '튜링 테스트'를 고안하였다. 이후, 존 폰 노이만 교수에게 영향을 주어 현대 컴퓨터 구조의 표준이 되었으며, 이것을 대부분 인공지능의 시작으로 보고 있다. 이 이야기는 뒤에서 자세히 다루었다.

+ 인간과 컴퓨터의 비교

폰 노이만은 세계 최초의 프로그램 내장 방식 컴퓨터인 에드삭EDSAC을 탄생시켰다. 프로그램 내장 방식은 두뇌에서 정보를 저장하고 이를 활용하여 다시 기억하는 '인간의 생각하는 능력'을 모방한 것이다. 기억장치는 인간의 두뇌에 해당하고 제어 장치와 연산 장치는 호르몬계와 신경계, 입력 장치는 감각 기관눈,귀,코, 출력 장치입,손,발는 반응 기관에 해당한다. 이것이 바로 지금의 데스크탑, 노트북, 스마트폰, 태블릿 등을 포함하는 컴퓨터이다.

컴퓨터는 크게 입력 장치, 중앙처리 장치, 기억 장치, 출력 장치 4가지 기능으로 나뉘어진다. 컴퓨터 시스템에서 가장 중요한 역할을 하는 것은 인간의 뇌에 비유되는 중앙처리장치CPU이다. 중앙처리장치에는 연산 장치와 제어 장치가 있다. 연산 장치는 입력 신호의 빠른 계산을 담당한다. 제어장치는 입출력 장치들과 신호를 전송하면서 전체 시스템을 제어한다.

자료를 기억하고 저장하는 장치로는 메모리RAM와 하드디스크HDD가 있다. 보통, 메모리는 단기 기억장치, 하드디스크는 장기 기억장치에 비유된다. 예를 들어, 한글 프로그램에서 문서를 작성하고 있으면 메모리에 저

인간과 컴퓨터의 기능 비교

기능	인간	컴퓨터	
입력	감각 기관(눈, 귀, 코)	입력 장치	
기억	두뇌	주 기억 장치	
연산		연산 장치	중앙처리장치
제어		제어 장치	
출력	반응 기관(입, 손, 발)	출력 장치	
보조 기억	노트, 컴퓨터	보조 기억 장치	

장된다. 이 상태에서 전원이 꺼지면 작성하고 있는 문서도 사라진다. 저장 버튼을 눌러 문서를 저장해야 안전하게 하드디스크에 저장된다. 연결에 필요한 전기 신호를 받아들이는 키보드와 마우스와 같은 입력 장치와 처리한 결과를 스피커나 모니터로 출력하는 출력 장치가 있다.

+ 인공지능의 장점과 단점

인공지능을 제대로 활용한다면 인간의 삶은 미래에 풍요로운 사회가 된다. 인공지능은 인간 신체의 한계를 넘어 무거운 일, 위험한 일, 복잡한 일 등을 대신해준다. 폭탄 제거, 산업 생산 라인, 방사능 노출 등 위험이 있는 일은 인간이 하지 않아도 된다. 인공지능은 24시간 쉬지도 먹지도 않기에 단순하게 반복되는 업무를 대신해 준다. 생산성이 높아지고 인간에게는 시간을 선물한다. 기업 경영처럼 복잡한 문제의 의사 결정에 도움을 주고 인간의 실수로 일어나는 여러가지 사건들이 제로Zero에 가깝게 된다. 게다가 인공지능은 불평도 하지 않고 인간 관계의 어려움도 겪지 않는다.

인공지능 시대가 오면서 가장 두려운 것은 일자리 상실이다. 인간이 하는 대부분의 일을 인공지능이 대신하고 또한 인간보다 더 일을 잘하기 때문에, 일자리 상실에 대한 두려움이 커져간다. 우리 사회는 열심히 공부해서 안정적이고 돈을 많이 벌 수 있는 직업을 갖는 것이 인생 최고의 목표였다. 그런데, 그러한 직업들 대부분이 인공지능에 의해 대체된다는 말이다. 미래 인공지능 시대를 그린 영화 〈채피〉2015나 〈아이, 로봇I, Robot〉2004에서는 인공지능의 감정을 보여주고 있다. 감정이 있다는 것은 도덕이나 윤리적인 판단을 할 수 있다는 의미다. 인공지능이 편향된 윤리를 갖게 될 경우 사회 근간을 흔들 수 있는 매우 심각한 위험이 된다. 결국에는 인간이 인공지능의 명령에 따르게 되고 인공지능 로봇에게 구속당하는 사회가 올 수 있다.

+ 인공지능의 한계

인공지능은 알고리즘 지능Artificial Intelligence is Algorithmic Intelligence이다. 알고리즘이란 '어떠한 문제를 해결하기 위해 정해진 일련의 절차나 방법'을 말한다. 이 알고리즘이 발전하여 기계가 스스로 문제를 해결하기 위한 절차나 방법을 개발할 수 있는 능력이 생기는 것이 인공지능이다. 인공지능이 잘 하는 일은 추천이나 분류, 또는 예측이다 보니 인간의 지능과는 차이가 있다. 인공지능만 있으면 뭐든지 척척 해내야 하는데 실상은 그렇지 못하다. 바둑 두는 인공지능은 바둑을 인간보다 잘 두고, 기상관측 인공지능은 지진이나 태풍 예측을 인간보다 먼저 감지할 뿐이다. 인간이 잘하는 타인과의 상호작용이나 여러 상황을 종합적으로 판단하여 행동하는 능력은 인공지능에게는 아직 먼 나라 이야기다.

+ 인공지능의 활용

전기가 없으면 하루도 살 수 없듯이 이제는 인공지능 없이 살 수 없다. 모르는 곳에 운전하고 갈 때는 내비게이션이 알려주는 실시간 교통정보가 필요하다. 이어폰을 통해서 추천 서비스가 들려주는 음악이 흐른다. 넷플릭스Netflix는 내가 좋아하는 장르의 영화 리스트를 보여주며, 스마트폰은 나와 같은 관심이나 취미가 있는 사람들을 만나 정보를 교환할 수 있게 해준다. 이렇듯 개인의 삶에 인공지능은 이미 깊숙이 파고들었다.

공장 형태가 스마트 팩토리로 바뀌어 가고 있다. 더 이상 생산 라인에 사람은 필요하지 않다. 인공지능을 활용하면 대부분의 작업이 자동화가 가능하기 때문이다. 그러나 여기서 주목할 점은 공장 자동화로 인하여, 생산 현장에서 일하는 기술자나 기능공의 업무를 대체할 뿐만 아니라 사무직에 종사하는 직군의 일조차 인공지능이 대체하게 된다는 점이다. 의료, 법률, 교육뿐만 아니라 산업의 근간을 이루는 교통 물류, 농업, 치안까지 모두 다 대체 가능하다는 점이다.

모두가 인공지능 기술을 익히고 사용해야만 하는 시대가 왔다. 2016 세계경제포럼에서 클라우스 슈밥Klaus Schwab 회장은 "과거에는 큰 물고기가 작은 물고기를 잡아먹었지만 4차 산업혁명 시대에는 빠른 물고기가 느린 물고기를 잡아먹는다"라고 했다. 속도가 생명이다. 인공지능 시대를 제대로 이해하고 인공지능 기술을 익혀 이를 잘 활용할 수 있는 사람이 필요하다.

2016년 알파고AlphaGo와 이세돌 9단의 대국 이후 "알파고가 어디 있는 고등학교에요?"라는 우스개 글을 읽은 적이 있다. 한국은 2000년대에도 '인공지능'은 생소한 용어였다. 인공지능이 역사와 전통이 있는 오래된 학문과 기술이라는 사실이 놀라울 뿐이다. 앨런 튜링은 1950년대에 '튜링 테스트'라는 인공지능 테스트를 만들었고, 폰 노이만에게 영향을 주어 지금의 '프로그램 내장방식' 컴퓨터를 만들었다. 그 후 인공지능 하드웨어와 소프트웨어는 계속해서 발전하여 2016년 한국에 알파고를 보낸 것이다. 알파고의 등장으로 인공지능의 기술과 활용에 관심이 집중되었다. 인공지능 기술이 미래 풍요로운 삶을 제공할지, 인간의 일자리를 빼앗고 인간의 삶을 지배할지는 인공지능을 연구하는 과학자와 이를 활용하는 사람들의 몫이다.

지능이란
무엇인가?

인공지능은 인간의 지능을 모방한 것이다. 기계에게 지능을 부여하여 스스로 학습할 수 있는 능력을 갖게 하는 것이다. 인공지능을 제대로 이해하기 위해서는 우선 '지능'이 무엇인지 알아야 한다. 인간은 감정을 가진 동물이므로 어떠한 지식을 받아들일 때 감정을 동반한다. 이를 무의식이라한다. 무의식은 의식을 형성하는데 중대한 역할을 하고 이는 지능으로 연결된다. 범용성을 가진 인간은 책을 보면서 음악을 감상할 수 있고, 자전거를 타면서 대화도 할 수 있다. 타인의 마음을 읽고 공감할 수 있는 초인적인 능력도 있다. 인간의 뇌에서 신경세포 하나를 모델링하면 단층 신경망, 여러 층을 모델링하면 심층신경망 즉, 딥러닝이다. 인간의 뇌가 인공지능과 구별되는 능력은 창의력이다. 이 지능을 기계가 갖게 되는 인공지능 세상이 오고 있다.

+ 지능의 본질

지능의 본질은 언어학, 심리학, 철학, 교육학 등에서 주로 다뤄왔다. 지능이 어떻게 작동하는지 그 과정에 대해서는 뇌과학과 뇌신경학에서 활발히 연구되고 있다. 그러나 어느 학문도 지능을 완벽하게 설명하지는 못한다. 지능Intelligence은 인간의 지적 능력을 말한다. 지능은 '심리학적으로 새로운 대상이나 상황에 부딪혀 그 의미를 이해하고 합리적인 적응 방법을 알아내는 지적 활동 능력'으로 정의할 수 있다. 위키백과 근본적으로 IQIntelligence Quotient보다는 더 포괄적인 개념이다. 지능을 가진 인간 중에 완벽한 인간은 없다. 인간은 늘 실수를 하고 그 실수를 통해 배우고 발전한다. 실수하지 않기 위해 끊임없이 연습하고 노력한다.

프로이드의 정신분석 이론

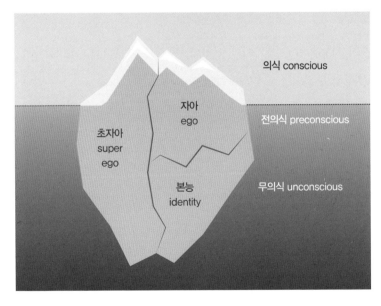

정신분석학자 지그문트 프로이트Sigmund Freud는 "인간의 의식과 성격 구조는 서로 역동적으로 상호 작용하며 행동을 결정한다"고 했다. 의식에 해당하는 개인의 기억이나 경험은 인간 정신의 심층에 해당하는 무의식의 영향을 받는다. 성격은 자아ego, 초자아superego, 원초아identity로 나뉘어진다. 자아는 도덕적·사회적 규범의 영향을 받는 초자아와 유전적이고 본능의 지배를 받는 원초아 사이에서 균형을 유지한다. 인간의 의식과 성격 구조 사이의 충돌은 다양한 방어 기제를 형성한다. 예를 들어 억압, 억제, 동일시, 전이, 공감, 합리화, 보상, 유머, 공상, 이타주의, 승화, 꿈과 같은 다양한 형태로 표출된다. 인간의 지능은 이렇듯 감정이나 무의식의 영향을 받는다. 이 모든 것이 지능의 영역이라면 인공지능은 과연 이를 구현할 수 있는 것인가?

+ 하워드 가드너의 다중지능 이론

인간의 지능은 IQ 한 가지가 아니다. 하워드 가드너Howard Gardner는 인간에게 분명히 구분되는 8가지 능력인 다중지능Multiple Intelligence 위키백과이 있다고 했다. 언어 지능, 자기이해 지능, 논리·수학 지능, 대인관계 지능, 신체·운동 지능, 공간 지능, 음악 지능, 자연탐구 지능으로 구별된다. 이는 각각 독립적이다. 인공지능과 인간 지능의 비교 대상은 이 중에서 논리·수학 지능, 언어 지능, 공간 지능 정도이다.

2006년 하워드 가드너는 25년간의 연구결과를 토대로 9번째 지능을 발표했다. 이는 실존지능이며 철학적이고 종교적인 사고를 할 수 있는 중요한 지능이다. 실존지능은 인간의 존재론적 의미, 삶과 죽음, 축복과 비극 등과 같은 우주적이고 실존적인 사안에 대해 생각할 수 있는 능력이다. 이 지능은 자신 삶의 가치를 넘어 공동체를 위한 더 큰 가치를 실현하는 공감 능력을 갖게 한다. 실존지능이 필요한 이유는 '우리는 왜 이 세상에 태어났는가?', '인생의 목적은 무엇인가?', '나는 무엇을 해야 하는가?'와 같은 질문의 답을 찾는다. 나머지 8가지 다중지능을 완성시킨다. 가치와 존재에 대한 인생의 질문을 통해 시대와 역사의 사명감을 갖고 리더십을 발휘한다. 그 대표적인 인물로는 간디, 마더 테레사 수녀, 마틴 루터 킹목사가 있다.

하워드 가드너의 다중지능

+ 인공지능 시대의 창의성

인공지능 시대에 꼭 필요한 역량으로 단연 창의성을 꼽는다. 창의성creativity 이란 새로운 생각이나 개념을 찾아내거나 기존에 있던 생각이나 개념들을 새롭게 조합해 내는 것이다.위키백과 인간의 지능 영역 중에서 논리·수학 지능 은 인공지능이 인간보다 더 뛰어나며, 이미 인간을 넘어섰다. 복잡한 수학 계산과 논리 연산은 인공지능에게 맡기고 인간은 좀 더 가치있는 일을 해 야 한다. 가치있는 일을 하기 위해서 필요한 게 바로 창의성이다.

창의성은 하루 아침에 생성되지 않는다. 이는 '관찰'을 통해서 길러지며 '기록'을 통해 완성된다. 관찰은 "단순히 대상을 보는 것seeing이 아니라 자 신의 모든 감각을 붙잡아 바라보며watching '무엇'과 '왜'에 관해 생각하는 것" 이다. 이러한 관찰의 과정에서 새로운 것을 발견하게 된다. 사과가 떨어지 는 것을 관찰한 뉴턴은 만유인력의 법칙을 발견했고, 욕조에 물이 넘치는 것을 관찰한 아르키메데스는 부력의 법칙을 발견했다. 힘 있는 관찰은 남 들이 보지 못하는 것을 발견한다. 이것이 창의성이다.

관찰을 통해 발견한 것을 마음과 머리로 잘 기억하기 위해서는 '기록'하 는 것이 중요하다. 느낀 것을 저장하여 적시에 활용하는 것이 창의력인데, 이를 위해서는 '기록'이 필수이다. 꾸준한 관찰과 기록을 통한 반복 훈련이 창의성을 높여준다. 기록을 생활화하고 습관화하기 위해서는 늘 노트와 펜을 들고 다니는 습관을 갖는 것이 좋다. 요즈음에는 핸드폰을 이용해서 기록하는 사람들도 많이 있지만, 필자는 아날로그 방식을 추천한다. 펜이

종이 위에서 움직이는 느낌과 소리를 통해 아이디어가 떠오른 경우가 많기 때문이다.

+ 인간의 뇌 구조와 인공지능의 관계

인간의 뇌를 모방한 것이 인공지능이다. 인간의 뇌는 대뇌, 간뇌, 연수, 중뇌, 소뇌, 척수로 이루어져 있다. 대뇌는 생각하고 말하고 듣고 판단하는 역할과 상상·기억·추리·감정 등 정신 활동을 담당한다. 간뇌와 연수는 기본적인 생명 유지 활동에 필요한 내장과 혈관 및 호흡, 심장 박동, 소화, 기침, 재채기 등 생명 유지에 필요한 활동을 조절한다. 중뇌는 몸의 자율적인 활동을 조정하고 화학적 균형을 유지하는 역할을 한다. 동공의 수축과 확장, 눈의 초점을 맞추는 활동을 관장한다. 소뇌는 근육 조절, 신체의

뇌의 구조와 기능

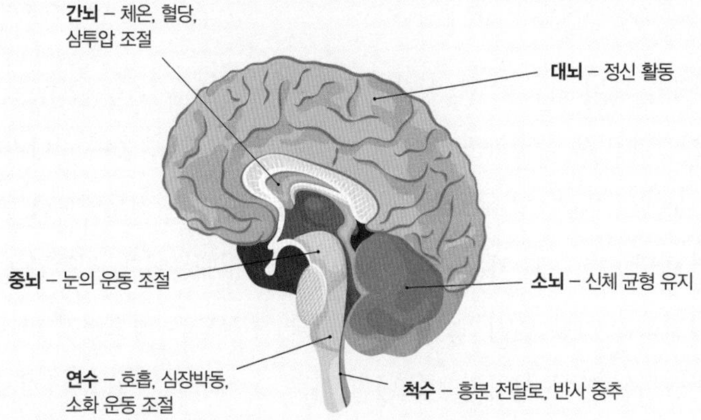

간뇌 – 체온, 혈당, 삼투압 조절

대뇌 – 정신 활동

중뇌 – 눈의 운동 조절

소뇌 – 신체 균형 유지

연수 – 호흡, 심장박동, 소화 운동 조절

척수 – 흥분 전달로, 반사 중추

움직임과 균형, 동작의 계획과 실행에 관여하며, 자전거 타기, 수영, 스키 등 신체적 행동을 기억을 담당한다. 척수는 뇌와 연결되어 척추 내에 위치하는 중추 신경으로 감각, 운동신경을 전달한다.

전두엽과 변연계

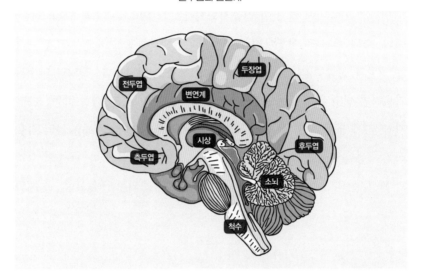

변연계는 대뇌 피질 아래 전두엽 안쪽에 위치한다. 기쁨, 슬픔, 두려움, 초조, 불안과 같은 감정과 느낌을 조절한다. 변연계의 활동이 지나치게 강하면 충동적이 된다. 청소년기에는 사고력을 담당하는 전두엽보다 변연계가 먼저 발달한다. 사춘기를 겪는 이유가 바로 이 때문이다. 전두엽은 가장 늦게 발달하고 가장 먼저 노화되는 뇌이다. 전두엽은 청소년기 마지막에 크게 발달하는데 이 시기에 청소년의 뇌는 가지치기를 한다. 가지치기란 사용하는 뇌는 더욱 강하고 튼튼하게 하고 사용하지 않는 뇌는 잘라버리는

뉴런의 구조

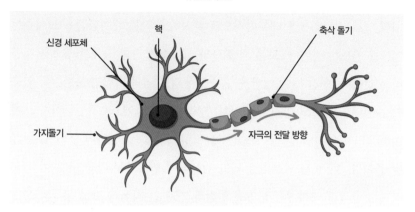

것을 말한다. 청소년 시기에 사고력에 해당하는 언어 지능과 논리·수학 지능만을 사용한다면 음악 지능, 신체·운동 지능은 가지치기 된다. 청소년 시기에 다양한 지능을 사용하고 활용하는 것이 창의성을 향상시킨다.

뇌에는 신경세포라는 뉴런Neuron이 있다. 신경세포는 신호를 종합하는 신경세포체와 다른 신경세포로부터 신호를 받아들이는 수만 개의 가지돌기, 신호를 전달하는 축삭돌기로 이루어져 있다. 시냅스는 축삭돌기가 다른 신경세포의 가지돌기와 만나면서 신경 전달물질이라는 화학물질을 주고받는 틈을 말한다. 신경세포의 구조와 동작을 컴퓨터로 모델링한 것이 바로 '인공지능'이다. 인간의 뇌 주름을 다 펼치면 신문지 한 장 넓이 $(2,500cm^2)$[1] 정도이며, 신경 세포는 1,000억 개 이상, 시냅스는 1,000조 개 이상 존재한다. 인공지능은 뇌의 신경세포 한 개를 모델링한 것으로 이후 딥러닝으로 발전한다.

2009년 세계적인 뇌과학자와 뇌공학자들은 '인간 커넥톰 프로젝트'를

---

1 정재승(2019.9), 《정재승의 인간탐구보고서》, 아울북.

통해 뇌의 연결성 지도를 만들려는 연구를 시작했다. 프로젝트의 목표는 뇌의 연결 네트워크를 해부학적으로 분석하고 작동 매커니즘을 보여주는 지도를 만드는 것이다. 모든 뇌 회로와 시냅스에 관한 자세한 정보를 제공하는 것이다. 인간 뇌에 대한 연구가 진행되고 뇌의 비밀이 풀릴수록 인공지능에 대한 개발도 발전할 것이다. 영화 〈아이언 맨〉의 주인공이며 스페이스 X의 창업자인 일론 머스크는 뉴럴링크Neuralink를 만들어 두뇌 칩을 개발 중이다. 이 칩은 인간의 두뇌를 컴퓨터에 연결하는 기술이다. 이 기술이 성공한다면 영화에서 보았던 인간과 기계 간 지식과 감정 교류와 상호작용이 가능해질 것이다.

인공지능은 '인간처럼 생각하는 기계'를 만들자는 인간의 창의력에서 시작되었다. 지능의 본질을 여러 학문에서 연구하였지만 어느 학문도 지능을 완벽하게 설명하지는 못했다. 다만, 인간 지능은 IQ 지수만이 아닌 다중지능이라 불리는 복합 지능을 가지고 있다. 지능의 표출은 감정과 무의식에 상당히 영향 받고 다시 IQ 지수에 영향을 미친다. 더군다나 창의성 향상을 위해서는 다양한 뇌 기능을 골고루 사용해야 한다. 인공지능을 만들기 위해 뇌 과학과 컴퓨터 공학에서는 뇌 구조와 기능을 끊임없이 연구하였다. 신경세포 구조와 기능을 발견하고 스스로 학습하는 인공지능을 개발하기에 이르렀다.

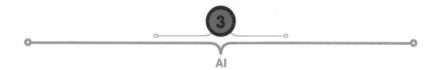

AI

인공지능과 관련된
법칙

인공지능 기술은 컴퓨터 기술의 발전과 함께 성장했다. 인텔의 설립자인 고든 무어Gordon Moore가 반도체 집적회로는 2년마다 2배씩 증가한다는 '무어의 법칙'을 내놓았다. 컴퓨터 CPU 속도는 40년 동안 무어의 법칙대로 증가하면서 인공지능 기술도 발전하게 되었다. 인공지능이 잘하는 일과 인간이 잘하는 일은 다른데 이를 '모라벡의 역설'이라 한다. 아이가 태어나면서 자연스레 걷고 자전거를 배우는 일은 인간에게 쉽다. 많은 양의 데이터를 분석하여 특징을 찾아 분류하고 수학적 알고리즘을 기반으로 미래를 예측하는 일은 인공지능에게 쉬운 일이다. 이러한 인공지능 기술은 '무어의 법칙'을 넘어 '기하 급수의 법칙'으로 향해 가고 있다.

+ 무어의 법칙

인텔의 고든 무어는 1965년 '반도체 칩에 집적되는 트랜지스터 수는 24개월마다 2배로 증가한다'는 법칙을 내 놓았다. 이 법칙은 메모리 용량과 CPU 속도는 24개월마다 2배씩 증가하고 컴퓨터 가격은 반으로 떨어진다는 법칙이다. 무어의 법칙이 나온 지난 40년 동안 CPU 프로세서 속도는 꾸준히 2배씩 성장했다. 하지만 2010년부터 2년마다 2배라는 법칙을 따라가지 못했다. 이유는 한 개의 칩 내부의 발열 문제와 경제성의 문제 때문이었다. 그러면서 '무어의 법칙은 죽었다'라는 게 업계 대세가 되었다.

무어의 법칙Moore's law

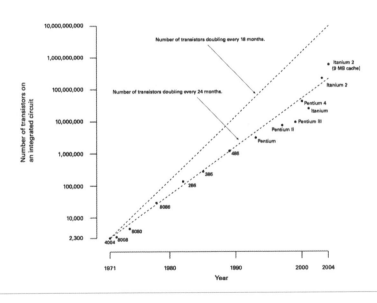

위키백과

'황의 법칙'은 삼성전자 반도체 기술총괄 황창규 사장이 내놓은 법칙이다. 황창규 사장은 2002년 2월 미국 샌프란시스코에서 열렸던 ISSCC국제 반도체회로 학술회의에서 "반도체 집적도는 1년에 2배씩 증가한다"는 메모리 신新성장론을 주장했다. 삼성전자는 2001년 1G 메모리를 시작으로 2007년 64G 메모리까지 실제로 플래시 메모리 용량을 매년 2배씩 늘려 낸드 플래시 메모리NAND Flash Memory 분야를 이끌었다.

+ 모라벡의 역설

인공지능이 잘하는 일은 분류와 추론, 그리고 예측인데, 이것은 수학과 알고리즘의 조합의 결과다. 인공지능은 계산을 빠르고 정확하게 하며 인간은 그 속도를 따라갈 수 없다. 인간은 여러 가지 상황을 직감적으로 분석하여 예측하는 감각적인 일을 잘한다. 한식 명장의 노하우를 전수 받기 위해 익혀야 할 것은 재료의 빠른 계산과 조리 속도보다 손맛이라는 '감感'이다. 스포츠 경기를 보면서 왠지 A팀이 이길 것 같은 느낌이 있다. 아침 현관 문을 나서면서 하늘을 봤는데 비가 오기는 하겠지만 돌아오는 길에는 오지 않을 것 같은 날도 있다. 그래서, 우산을 가져가지 않았는데 그 느낌이 맞았을 때의 희열, 이것이 인간이 잘하는 일이다.

인간이 잘하는 일은 기계는 어렵고 기계가 잘하는 일은 인간이 하기 어렵다. 이것을 모라벡의

한스 모라벡(1948.11.30.~)

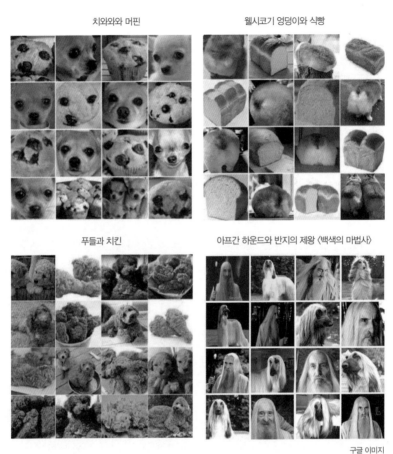

인공지능의 이미지 인식 예

치와와와 머핀

웰시코기 엉덩이와 식빵

푸들과 치킨

아프간 하운드와 반지의 제왕 〈백색의 마법사〉

구글 이미지

역설Moravec's Paradox이라고 한다. 카네기 멜론 대학교 교수 한스 모라벡Hans Moravec은 "지능 검사나 체스에서 성인 수준의 지능을 발휘하는 컴퓨터를 만들기는 상대적으로 쉬운 반면, 지각이나 이동 능력 면에서 한 살짜리 아기만 한 능력을 갖춘 컴퓨터를 만드는 일은 어렵거나 불가능하다"라고 했다.

인공지능은 강아지를 구별하기 위해 수만 장의 사진 데이터를 입력하여 훈련한다. '강아지'라는 종류를 학습하는데, 치와와와 머핀을, 웰시코기 엉덩이와 식빵을 명백하게 구별하지 못한다. 하지만 어린아이에게는 강아지 몇 마리만 보여줘도 쉽게 강아지를 구별할 수 있다. 심지어 강아지의 크기, 색, 종류에 상관없이 지구상의 거의 모든 강아지를 인식하고 구별할 수 있다.

인공지능은 알고리즘을 똑똑하게 만들어 지능처럼 느끼도록 한 것이다. 이렇다 보니 알고리즘을 만들기 위한 순서와 규칙이 명백히 존재한다. IF ~ THEN과 같이 '~~라면 ~~이다'라고 알고리즘을 만드는 경우이다. 이를 프레임이라 하는데 알고리즘은 프레임 밖의 상황을 인식하지 못한다. 이를 프레임 문제Frame Problem라고 한다. 인공지능은 현실 세계의 많은 변수와 돌발적인 상황의 한계를 아직까지 넘지 못하고 있다.

＋ 기하급수의 법칙

인공지능 시대는 속도가 생명이다. 빠른 물고기가 느린 물고기를 잡아먹기에 규모나 자본이 아닌 시장 선점이 우선이다. 새로운 법칙인 기하급수의 법칙이 지배하는 세상이다. 인공지능의 법칙은 3개월마다 2배씩 증가하며 인공지능의 성능 향상 속도는 무어의 법칙보다 7배 빠르다. 무어의 법칙과 비교하면 30만 배가 된 셈이다. 시장을 선점한 인공지능 기업을 자본과 규모로는 절대로 따라잡을 수 없다.

여기에 우리가 인공지능을 왜 공부해야 하며, 인공지능 시대를 살아가기 위해서 어떻게 해야 하는지에 대한 답이 있다. 우리나라는 아쉽게도 인공지능 기술이 미국, 유럽, 일본 그리고 중국에 비해 뒤처져 있는 게 사실이다. 먼저 선점한 국가들과의 격차를 좁히고 무섭도록 속도를 높이고 있는 중국의 기술 속도를 체감할수록 인공지능 시대를 살아가야 할 다음 세대들에 대한 걱정이 앞선다.

세계 최고 창업 사관학교인 싱귤래리티Singularity 대학의 초대 이사 살림 이스마엘Salim Ismail은 "이제 세상은 더 똑똑하고, 작고, 빠르게 움직이는 기업의 것이다"라고 했다. 컴퓨터로 대표되는 디지털화는 기하급수적 증가가 가능하며 인공지능 시대의 속도는 생명이다. '무어의 법칙'과 '황의 법칙'은 모두 기하 급수의 법칙인 것이다. 기하 급수의 법칙에도 불구하고 인공지능의 한계는 분명히 있다. 인간에게 쉬운 일이 기계에게는 어렵다는 '모라 벡의 역설'이다. 하지만 스스로 학습하는 딥러닝 기술의 발전으로 점차 인간이 잘하는 일도 기계가 기하 급수적으로 학습하고 있다.

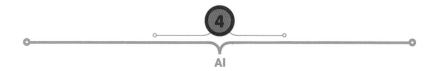

4

AI

인공지능은 감정을 가지고 있으며, 스스로 학습할 수 있는가?

초기 인공지능은 잘 만들어진 규칙을 컴퓨터로 구현하여 마치 기계가 인간보다 뛰어난 지능을 가졌다는 착각을 갖도록 하였다. 점차 "지능을 가졌다는 기계라면 사람처럼 생각하고 행동해야 하지 않을까?"라는 질문에 답을 찾기 위해 과학자들은 부단히 노력해왔다. 결국, 인간처럼 느끼고 인간과 상호 작용할 수 있는 인공 감성을 연구하고 발전시켰다. 인공 감성은 사물인터넷을 통해 수집되는 빅데이터가 클라우드 환경으로 업데이트되며 정확도가 향상되고 있다. 인공지능 기술인 딥러닝과 결합하여 빅데이터 처리 기능을 탑재한 감성 로봇이 속속 등장하고 있다.

+ 인공 감성

지능은 지식을 잘 기억하고 전달하는 능력만을 의미하는 것은 아니다. 인간에게는 다중지능처럼 다양한 지능이 존재하고 지능의 표출은 감정을 동반한다. 감정을 나타내는 어휘는 감성, 정서, 마음, 기분, 느낌 등 다양하다. 감정이 지능의 한 부분이라면 학습이 가능한 것일까? 감정은 인간의 본능과 연결된다. 자신의 신체를 보호하려는 욕구에서 불쾌감이나 미움과 같은 감정이 나온다. 자신의 종족을 유지하려는 본능에서 사랑과 헌신이라는 감정이 나온다. 감정을 과연 인공지능에게 학습시킬 수 있을까?

+ 알고리즘 구조

컴퓨터의 알고리즘 구조는 크게 3가지로 나눈다. 명령어를 하나씩 순서대로 처리하는 순차 구조와 둘 이상의 조건에서 하나를 선택해야 하는 선택 구조, 반복적인 계산을 빠르게 처리하기 위한 반복 구조이다. 이 구조를 바탕으로 연산을 빠르게 하다 보니 마치 컴퓨터가 동시에 여러 가지 일을 하는 것처럼 느껴지는 것이다. 이 구조가 고도화된 알고리즘이 전문가 시스템이다. 전문가 시스템은 지금까지 어떤 한 분야에 특화된 프로그램으로 활용되었다.

알고리즘의 기본 구조

순차구조 · 선택구조 · 반복구조 · False · True · False · True

딥러닝 기술이 나오면서 인간만이 할 수 있었던 영상 데이터의 특징을 추출하고 분류하는 작업이 가능해졌다. 전문가 시스템은 인간이 일일이 영상 데이터를 보고 분류를 해주는 작업이었다면, 딥러닝은 기계가 스스로 많은 양의 데이터를 보고 학습하여 새로운 영상 데이터가 들어왔을 때 자동으로 분류하는 기술이다. 표정 이미지로 감정을 분류하고 음성 데이터로 음색을 구별한다. 문맥의 의미를 파악하여 반응할 수 있게 되었다.

+ 휴머노이드 로봇 '소피아'

소피아Sophia는 인공지능 알고리즘과 로봇기술을 결합해 제작한 인간형 휴머노이드 로봇이다. 홍콩에 본사를 둔 핸슨 로보틱스사Hanson Robotics가 개발하였다. 인간의 피부와 유사한 나노기술 소재를 활용해 만든 프루버frubber를 이용해 인간과 거의 흡사한 모습으로 만들어졌다. 얼굴은 배우 오드리 헵번을 모델로 제작됐으며 60여 가지 감정을 표현한다. 2018년 한국에 방

인공지능 로봇 '소피아'

핸슨 로보틱스

문한 소피아는 더불어민주당 박영선 의원과 대담을 나누었다. "불이 난 곳에 노인과 아이가 있다면 누구를 먼저 구할 것인가"라는 질문에 "사람에게 엄마와 아빠 중 누가 더 좋냐고 묻는 것만큼 어려운 질문이다"라고 수준 높은 답변을 했다. 로봇이 감정을 갖게 되면 인간과 기계와의 상호 작용을 가능하게 한다. 휴머노이드 로봇은 인간의 동반자로 함께 생활하며 곁에서 인간을 돕는다.

+ 감성 컴퓨팅 기술

인공지능 기술의 발달은 인간처럼 생각하고 학습하며 느낄 수 있는 로봇을 만들자는 데까지 이르렀다. 이는 로봇의 모습을 인간의 모습과 유사한 휴머노이드Humanoid로봇으로 변화시켰다. 거기에 인간이 느끼는 희노애락喜怒哀樂의 감정까지 표현할 수 있다. 인공지능은 똑똑한 기계에서 지능형 감성 로봇Emotional Robot으로 진화하고 있다.

감성 인식 로봇의 시작은 1966년 미국 MIT 컴퓨터공학자인 요셉 바이첸바움Joseph Weizenbaum이 만든 인공지능 채팅 프로그램 일라이자ELIZA[2]에서 비롯되었다. 일라이자는 컴퓨터라는 사실을 숨기고 사람들과 심리상담 채팅을 하였다. 사람들은 어떠한 거부감도 느끼지 못했으며 인간보다 더 심리적인 안정감을 느꼈다고 응답했다. 일라이자 알고리즘은 상대의 대화에 공감해주며 대화를 이끌어내는 단순한 알고리즘을 사용했다. 사람들은 '일라이자가 채팅 프로그램'이라고 알려주어도 잘 믿지 않았으며, 심지어

---

2 인공지능 채팅 프로그램 일라이자, http://psych.fullerton.edu/mbirnbaum/psych101/Eliza.htm

는 "일라이자가 인격이 있는 것 같다"고 말했다. 이를 인공지능에서 일라이자 효과ELIZA Effect라고 한다. 다음은 잘 알려진 일라이자 알고리즘이다.

로봇에게 인간과 같은 감정을 느끼게 하려면, 감성 인식, 감성 알고리즘, 감정 표현으로 구현된다. 감성 인식은 사람과 주변 상황을 인식한다. 감성 알고리즘은 로봇이 느낀 감성을 알고리즘으로 생성한다. 감정 표현은 느낀 감정을 자연스럽게 행동하도록 한다. 감성 인식은 주로 카메라를 통해 사람의 표정을 촬영하는 것이 일반적이다. 2016년 애플은 얼굴인식을 통해 사람의 표정을 읽는 기술을 가진 실리콘밸리 스타트업 이모션트Emotient를 인수했다. 이 기술은 얼굴 표정을 통해 사람이 어떤 감정 종류를 가졌는지, 감정의 강도가 어느 정도인지, 그리고 미세 표정까지도 읽을 수

만약 환자가 "나는 X가 필요해요"고 말하면 다음 중 하나로 대답한다.
1. 왜 X가 필요한가요?
2. 만약 X가 있다면 정말 도움이 될까요?
3. 정말 X가 꼭 있어야 한다고 생각하세요?

만약 환자가 "나는 X(예)요"라고 말하면 다음 중 하나로 대답한다.
1. 환자분이 X여서 의사를 보러 오셨나요?
2. 얼마나 오랫동안 X였나요?
3. 스스로가 X인데 대해 어떤 기분이 드나요?

만약 환자가 "뭐가……?"라고 물으면 다음 중 하나로 대답한다.
1. 왜 물으세요?
2. 답을 듣는 게 어떻게 도움이 될 것 같아요?
3. 환자분은 어떻게 생각하세요?

만약 환자가 "미안"이라는 단어를 사용하면 다음 중 하나로 대답한다.
1. 미안하지 않아도 되는 경우도 많이 있어요.
2. 남한테 사과할 때는 어떤 기분이 들어요?

환자가 아무런 규칙도 적용할 수 없는, 이해 불가능한 말을 하면 다음 중 하나로 대답한다.
1. 계속 말씀해 보세요.
2. 정말 흥미롭군요.
3. 알겠습니다.
4. 그래요, 그게 무슨 뜻인 것 같나요?
5. …….

일라이자 알고리즘
유신(2014.12) 《인공지능은 뇌를 닮아 가는가》.
컬처룩.

스타트업 이모션트

http://besuccess.com/news/emotient/

있다.[3]

감성 지능의 발전은 하드웨어의 발전과 소프트웨어의 발전 모두를 필요로 한다. 사물인터넷Internet of things과 빅데이터Big data를 통해 수많은 데이터를 수집하고, 인공지능 기술로 다양한 감성을 학습한다. 인간과 로봇의 상호작용 기술인 HRIHuman-Robot Interaction기술을 통해 생각만으로 로봇을 움직이는 시대가 오고 있다.

+ 감성을 가진 인공지능 로봇

SF영화는 오래전부터 감성을 가진 인공지능 로봇을 주제로 다뤄왔다. 〈2001 스페이스 오디세이1968〉를 시작으로〈터미네이터1984〉, 〈AI2001〉, 〈I.Robot2004〉, 〈빅 히어로2014〉, 〈채피2015〉에 이르기까지 인간과 마음을 나누고 인간을 돕는 로봇 영화는 계속되었다. 영화처럼 감성 로봇 연구는 계속해서 진행되어 상품으로 제작되었다.

----

3 애플, 사람 표정 읽는 실리콘밸리 스타트업 '이모션트' 인수, 〈비석세스〉 (2016.01.08.)

인공지능 로봇들

아이보(AIBO, Sony, 1999)

키스멧(Kismet, MIT, 1999)

페퍼(Pepper, 소프트뱅크, 2015)

구글이미지

아이보AIBO는 AI인공지능와 BO로봇의 합성어이다. 1999년 소니에서 감성 지능형 완구 로봇으로 출시하였다. 아이보는 애완동물로 제작되었고 6개의 감정(기쁨, 슬픔, 성냄, 놀람, 공포, 혐오)과 4개의 본능(성애욕, 탐색욕, 운동욕, 충전욕)을 가진다. 소니의 구조조정으로 생산과 판매가 2006년 중단되었고, 2014년부터는 A/S마저 중단됐다. 2015년 일본에서는 망가진 아이보의 합동 장례식이 열렸다. 수명이 다한 아이보는 합동 장례식 이후 다른 아이보의 교체용 부품으로 재탄생되었다. 그동안 아이보는 외로운 노인의 말벗이 되어주는 가족이었다.

키스멧Kismet은 터키어의 '행운'을 뜻하는 말이다. 1999년 미국 매사추세츠 공과대학MIT의 인공지능 연구실에서 인간과 로봇의 상호 작용을 연구하기 위해 개발하였다. 키스멧은 함께하는 사람의 표정과 움직임을 학습한다. 말과 행동을 따라하도록 프로그래밍 된 감성 지능형 로봇이다. 인간이 키스멧에게 어떤 행동을 하면 키스멧은 반응하고, 키스멧의 반응을 본 인간이 또 다시 반응한다. 이렇게 반복하면서 키스멧은 인간의 감정을 학습한다. 키스멧은 안구에 있는 CCD전하결합소자 카메라와 소형 무선 마이크로 주위에 상황을 인식한다. 눈썹, 눈꺼풀, 안구, 입술, 귀를 갖고 있어 희로 애락喜怒哀樂의 표정을 표현한다.

소프트뱅크의 로봇 페퍼Pepper는 2015년 6월 출시한 가정용 로봇이다. 가사 서비스보다 가족들의 표정을 읽고 감정을 인식하여 기분을 케어하는 용도가 우선이다. 페퍼는 일본어, 영어, 프랑스, 스페인어로 대화가 가능한 클라우드 기반 스마트 로봇이다. 페퍼를 가정에 저렴하게 보급하여 클라우드로 빅데이터를 구축하여 학습 성능을 높인다. 페퍼의 음성인식은 아주 매끄럽지는 않지만 충분히 대화가 가능한 수준이다. 소니의 아이보처럼 반려동물로서 가족과 유대관계를 형성하는 또 하나의 가족이다. 페퍼는 그 용도가 매장 및 관광 안내, 노인 돌봄 서비스 및 의료서비스, 교육 서비스로 점차 확대되고 있다.

디즈니 애니메이션 〈빅 히어로〉에 나오는 '베이멕스'는 비명 소리에 반

베이멕스, 영화 〈빅 히어로〉

응한다. 사용자의 통증을 파악하여 의료용 스프레이로 상처를 치료해준다. 체온을 감지하고 손바닥에는 제세동기가 있어 응급 조치를 할 수 있다. 신체를 스캔하여 생체 정보 및 감정까지도 읽어내 주인공에게 '사춘기'라는 진단을 내린다. 베이맥스는 풍성하고 따뜻한 마음을 지닌 힐링 로봇이다. 그래서 몸도 푹신한 에어 쿠션으로 제작되었다.

영화에서만 나왔던 감성 로봇이 우리 주변 가까이 다가왔다. 소프트뱅크의 페퍼Pepper는 노인과 대화하면서 약 복용시간을 알려주고 몸의 이상 징후도 감지한다. 아이보AIBO는 혼자 있는 사람들의 외로움을 달래주고 애완동물처럼 감정을 교류하며 웃음을 선사한다. 미래에는 '베이맥스'와 같은 힐링 로봇이 우리와 함께할 것이다. 인공지능을 인공 감성으로 받아들일 수 있는 자세를 가진 사람이 인공지능 시대를 잘 활용할 수 있는 사람이 될 것이다.

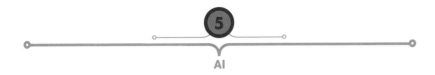

5
AI

인공지능은 창의성에도
도전하고 있다

인공지능에게 창의성은 아직 매우 어려운 분야다. 인공지능은 정형화텍스트, 숫자된 데이터를 가지고 논리 및 비교, 추론과 같은 알고리즘을 통해 데이터를 해석하기 때문이다. 세상의 데이터는 대부분 비정형화이미지, 소리, 촉감, 냄새, 맛된 데이터이기 때문에 인공지능이 분석하기는 난해하다. 하지만 어린아이가 그린 그림으로도 사람들에게 감동을 줄 수 있다. 모라벡의 역설처럼 인간에게 쉬운 것이 인공지능에게는 어려운 것이다. 스티브 잡스Steve Jobs처럼 세상을 바꿀만한 창의성을 갖는 것은 인간 역시 어렵다. 인간에게도 어려운 창의성에 인공지능이 도전하고 있다.

+음악

인공지능은 작곡가의 음악을 대량으로 학습하면 작곡도 할 수 있다. 하나의 완전한 음악 단위인 프레이즈Prase, 깊고 풍부한 소리를 만들어내는 화

인공지능 작곡가 신경 신디사이저, NSYNTH SUPER

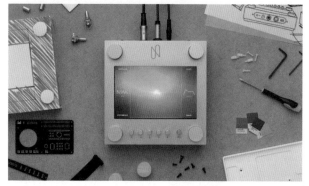

https://nsynthsuper.withgoogle.com/

음, 반복적인 리듬과 같은 음악적 특징을 추출한다. 그러면 인공지능은 학습된 뮤직 아티스트 스타일의 새로운 곡을 만들어 낼 수 있다. 구글은 '알파고' 성공 이후 인공지능 창의성 분야에도 도전하고 있다. 에크 연구원이 이끄는 '마젠타 프로젝트[4]'는 '알파고'를 개발한 딥마인드와 함께 인공지능 작곡가 '신경 신디사이저Neural Synthesizer'를 개발했다. 1,000가지 이상의 악기와 30여만 가지의 음을 저장한 대용량 데이터베이스를 가지고 새로운 음악을 만들어내고 있다.

　인공지능 작곡가는 새로운 음악을 창작할 수도 있지만, 작곡가의 데모 음원을 분석하고 선별하여 히트 가능성이 있는 음악을 예측할 수도 있다. 인공지능은 지금까지 히트한 노래의 멜로디와 화음, 리듬 등을 분석하여 성공을 확률적으로 계산한다. 전문가들은 수많은 뮤직 아티스트가 만든 곡을 다 들어볼 시간이 없다. 뮤직 아티스트는 자신이 만든 음원의 시장 가능성을 인공지능을 통해 알 수 있다.

---

4 마젠타 프로젝트, https://magenta.tensorflow.org/

+ 소설

뉴욕대학교가 개발한 인공지능 소설가 '벤저민'은 두 편의 영화 시나리오를 작성했다. 그 중 하나가 〈선스프링SUNSPRING〉이라는 약 9분짜리 영화이다. 이 영화는 〈고스트 버스터즈2〉부터 〈스타워즈〉까지 1980년대와 1990년대의 공상 과학영화 시나리오를 학습하여 만든 첫 번째 인공지능 영화이다. 벤자민은 학습한 대본을 바탕으로 문자와 단어, 구절들을 가지고 배우들의 대사와 배경 음악의 가사, 무대 지시까지 작성했다. 〈선스프링〉에 대한 평가는 '개연성이 없고 기괴한 영화다'라는 게 일반적인 평가이다. 하지만 수많은 공상과학 영화들의 공통적인 패턴을 이끌어 시나리오를 작성했다는 점은 높게 평가되고 있다.

나오키상을 받은 작가 '아시아 료'는 인공지능과의 협업을 진지하게 고민하기 시작했다. 말하고자 하는 주제는 직접 찾지만, 그 안에 담을 줄거

영화 〈선스프링〉 http://m.site.naver.com/0M0Kz

리와 등장인물은 인공지능이 정한다. "예전에는 줄거리를 정한 뒤 문장을 써나가면서도 '기본 설정이 잘못된 것은 아닐까'하는 불안감을 떨치지 못했습니다. 하지만 AI가 도와주면 헤매지 않고 쓸 수 있을 겁니다"[5] 작가 아사이 료는 인공지능 작가의 창의성이 인간과 어떻게 협업하면 되는지 잘 설명해주고 있다.

+ 미술

미술분야에서도 마찬가지로 피카소나 마네, 모네의 그림을 대량으로 인공지능에게 보여주어 학습시킨다. 그런 후 색채, 질감, 구도, 윤곽과 같은 미술의 기본 요소 특징을 추출하게 한다. 인공지능은 해당 화가의 화풍으로 그림을 그릴 수 있다. 앞서 얘기한 구글의 '마젠타 프로젝트'는 미술 영역에서도 활발하게 진행되고 있다. '알파고'를 개발한 딥러닝 알고리즘 중 하나인 순환 신경망 RNNRecurrent Neural Network기술을 접목했다. 구글이 만든 오

필자가 스케치한 그림(좌)과 AutoDraw로 변환된 그림(우)

5 일본경제신문사(2019.3), 《2045 인공지능 미래보고서》, 반니, p.42

구글 인공지능 화가 딥드림

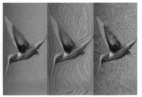

https://deepdreamgenerator.com/

토드로AutoDraw[6]에서는 누구나 간단한 스케치를 하면 인공지능이 이를 인식하여 유사한 그림을 제시하고 쉽게 변환할 수 있다.

또한 구글에서는 딥드림Deep Dream[7]이라는 인공지능 화가를 개발하였다. 인간의 심층 신경망을 모방한 딥러닝 알고리즘으로 개발되었는데, 2개의 이미지 스타일을 결합하여 유사한 느낌의 새로운 이미지를 생성해 주는 기술이다.

독일 인공지능 아티스트 '마리오 클링게만Mario Klingemann'의 미술작품 '행인의 기억 IMemories of Passerby i'이 출품되었다. 이 작품은 한 대의 인공지능 컴퓨터에 2개의 스크린을 연결해 2명의 초상화를 표현하였다. 작품 속 초상화는 그림이 아니라 움직이는 영상이다. 이 작품은 생성적 적대신경망 GANGenerative Adversarial Network 딥러닝 기술을 사용하였으며, 소더비 경매에서 약 6,000만 원에 팔려 이슈가 되었다. 가상·증강현실 시대를 맞이하여 인공지능 미술 분야는 엔비디아, 어도비, 디즈니 픽사 같은 기업 등에서 크게 발전하리라 예상된다.

인간의 창의성 영역이라고 불리는 음악, 소설, 미술과 같은 예술 분야

---

6 오토드로: https://www.autodraw.com/

7 인공지능 화가 딥드림, https://deepdreamgenerator.com/

'행인의 기억 I' 작품 전시

@artsy

는 사실 과학의 원리가 기본이 되는 분야이다. 음악에는 음표, 음절, 단락과 같은 수학의 원리가 내재되어 있고, 미술에는 원근감, 공간감, 명도, 채도, 빛과 같은 과학의 원리가 내재되어 있다. 소설과 같은 글쓰기 역시 글흐름의 일관성이나 글의 구조를 정갈하게 작성할 수 있는 논리적인 사고력이 필요하다.

인간의 창의성도 수학·과학적 지식이 바탕이 될 때 빛을 보는 것이다. 인공지능이 하는 창작 활동은 인간의 창작 활동과는 아직 거리가 있다. 하지만 인간의 창작 활동 역시 지식과 경험을 바탕으로 한 모방에서 비롯된다. 이 점에 비추어 보면, 인공지능의 창의성도 충분한 가능성이 있는 이야기다. 무에서 유를 창출하고 인간에게 감명을 주는 창의성을 가진 인공지능이 앞으로 등장할 것이다.

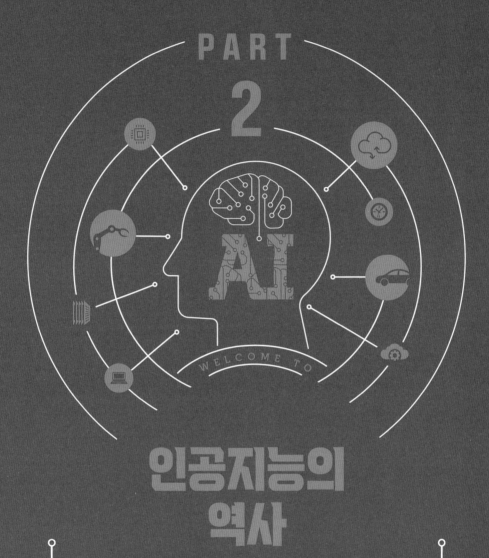

PART

2

AI

WELCOME TO

인공지능의
역사

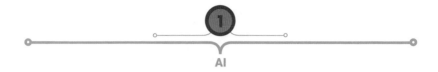

AI

인공지능의 아버지는
앨런 튜링이다

컴퓨터 발전의 역사는 전쟁의 역사를 동반한다. 그만큼 전쟁에서 중요한 것은 정보이며 정보는 곧 전략이다. 정보를 얼마만큼 소유하고 있는지가 전쟁의 승패를 가른다. 단순한 계산기로 시작한 컴퓨터는 전쟁의 역사와 함께 전자회로에서 디지털로 변화하였다. 단순한 기계를 넘어 지능을 가진 기계로 발전하고 있다. 앞으로의 전쟁은 인공지능과 인공지능의 싸움이 될 것이다. 전쟁 영웅 '앨런 튜링Alan Turing'의 이야기를 통해 제2차 세계대전을 승리로 이끈 기계가 인공지능과 어떻게 연결되는지 알 수 있다.

"가끔은 생각지도 못한 누군가가 누구도 생각지 못한 일을 해내니까요."

– 이미테이션 게임

+ 영화 〈이미테이션 게임〉

제2차 세계대전 독일군의 해독 불가
능한 암호를 풀어내어 전쟁을 승리
로 이끄는 이야기를 그린 영화가 있
다. 〈이미테이션 게임The Imitation Game〉
은 독일의 해독 불가능한 암호 '애그
니마'를 풀어내는 실존 인물 '앨런 튜
링'의 이야기를 그린 영화이다.

영국은 런던 블레츨리 파크에 암
호 해독을 위한 기밀 프로젝트 팀을
구성한다. 팀원은 체스 게임 2회 챔

영화 〈이미테이션 게임〉, 2014

피언, 천재 언어학자, 천재 수학자인 앨런 튜링과 함께 고난이도 퍼즐을
풀어내는 여자 주인공 조안 클라크이다. 이 암호는 세계에서 가장 완벽한
체계이자 독일군이 사용하는 모든 통신 기계에 매일 아침 전달된다. 절대
해독 불가능한 암호이다.

앨런 튜링은 이 암호는 절대 인간의 계산능력으로 풀 수 없다고 생각하
고 암호 해독기 '크리스토퍼실제 기계 이름은 1940년 '봄베'이며 '크리스토퍼'는 영화 속의 암호 해독기
명칭이다.'를 개발한다. 암호 해독기는 매 순간 3명이 죽어가는 제2차 세계대
전을 승리로 이끌도록 도와준다. 독일군의 암호를 해독해 내는 단서는 '기
계를 사용하는 사람은 인간이라는 점'에서 실마리를 발견한다. 암호가 매
일 바뀌어도 특정 단어가 반복된다면 암호 해독의 힌트가 될 수 있다는 것

인데 그 말은 '하이 히틀러'였다. 이 단어가 실마리가 되어 세계 최고의 암호기 '애그니마'를 해독하는 기계를 개발하게 된다. 독일군이 전쟁 시 사용하는 암호 해독으로 그 날의 기습 공격 지역, 수송 작전, 비밀 호송 등 모든 정보를 얻게 되고 제2차 세계대전은 연합군프랑스, 미국 등 영국과 같은 편에서 싸운 나라들이 승리한다.

영화의 주인공 '앨런 튜링'은 바로 인공지능의 아버지라 불리는 '앨런 튜링'이다. 천재 수학자답게 23세에 논문을 발표하고 24세에 교수가 되며, 27세에 캠브리지 대학의 교수가 된다. 그 후 암호 해독팀에 선발되어 제2차 세계대전을 승리로 이끄는 전쟁 영웅이 된다. 하지만 앨런 튜링은 동성애자임이 발각되어 화학적 거세를 당하고 여성 호르몬을 1년간 투약하는 벌을 받게 된다. 그 당시 동성애는 불법이었다. 그로 인해 심신이 허약해져 결국에는 자살로 생을 마감한다. 영국은 이러한 사실을 철저히 숨기다가 30년이 지난 이후 '앨런 튜링'의 공로를 인정하게 된다.

+ 컴퓨터 과학의 노벨상 '튜링 상'

'앨런 튜링'은 기계가 만들어 낸 암호는 사람이 아닌 기계가 풀어야 한다고 생각했다. 그리고 전쟁에서 죽을 수 있었던 수많은 사람들의 목숨을 구해내는데 크게 기여했다. '앨런 튜링'의 영향은 헝가리 수학자인 존 폰 노이만John von Neumann에게 전달되어 지금의 컴퓨터 구조를 만들기에 이르렀다.

튜링상Turing Award은 미국컴퓨터학회 ACMAssociation for Computing Machinery에서 컴퓨터 과학 분야에 업적을 남긴 사람에게 매년 시상하는 상이다. '컴퓨터 과학의 노벨상'이라고도 불리며 천재 수
학자 '앨런 튜링'을 기리기 위해 1966년 제
정됐다. 구글은 2014년부터 튜링상 상금을
전액 후원하고 있다. 인공지능의 아버지라
불리우는 마빈 민스키1969와 존 매카시1971가
이 상을 수상했다. 최근에는 제프리 힌턴2018

14세의 앨런 튜링

교수가 딥러닝으로 이 상을 수상했다.

영화 첫 장면에 나오는 앨런 튜링의 내레이션이 있다. "당신에게 바라
는 건 진정성이에요. 편견 없이 내 이야기를 끝까지 집중해서 듣는 것. 약
속할 수 없다면 여기서 나가세요"라는 대사이다. 필자에게는 "기술을 편
견없이 객관적으로 바라볼 수 있도록 하세요"라는 의미로 들린다. 영화의
대사 중 가슴을 울리는 대사가 있다. 병들어가는 앨런 튜링을 방문한 여자
주인공 조안이 평범하지 못한 자신을 비관하는 앨런 튜링에게 위로의 말
을 던진다. "세상이 더 나은 곳이 되었어요. 당신이 평범하지 않았기 때문
에…"라고 말이다. 인류를 구한 천재 수학자의 재능이 스스로 독이 든 사
과를 먹고 생을 마감한 것이 안타깝다.

인공지능 성능 테스트는 튜링 테스트로 한다

인간 지능을 테스트 할 수 있는 방법은 여러 가지가 있다. 지능지수IQ 테스트를 시작으로 다중지능 테스트, 웩슬러 성인 지능 검사까지 세부적인 영역으로 따지자면 그 종류는 더욱 많다. 그만큼 인간 지능은 단순한 검사로 판단하기 어렵다는 뜻이다. 앨런 튜링은 기계가 인간의 지능을 모방했다면 기계 역시 지능이 있다는 것을 증명해야 한다고 발표했다. 기계의 지능을 테스트하기 위한 방법으로 '튜링 테스트'를 주장한 것이다. 튜링 테스트를 시작으로 이를 논증하기 위한 중국어의 방 실험도 등장했다. 이처럼 기계 지능에 대한 연구는 인공지능 역사에서 빼놓을 수 없는 주요 이슈로 지금까지도 진행 중이다.

+ 튜링 테스트

앨런 튜링1912~1954은 1950년 발표한 철학 학술지 〈마인드〉에 게재한 논문

TED-ed, The Turing test: Can a computer pass for a human? https://youtu.be/3wLqsRLvV-c (2016.4.26.)

'계산 기계와 지능'에서 "기계는 생각할 수 있다"고 주장했다. 이를 테스트하기 위해 '튜링 테스트'를 개발했다. 튜링 테스트는 인간과 기계가 대화하여 테스트 하는 방법이다. 상대가 기계라고 눈치채지 못한다면 '지능이 있다'고 인정하는 방법이다. 기계의 지능이 인간과 같은지를 인간과의 대화를 통해 테스트하는 방법이다.

튜링 테스트

응답자와 질의자는 컴퓨터를 통해 문자로 대화함

응답자 A

응답자 B

둘 중 어느 쪽이 인간인지 대화로 판단

심판

튜링 테스트에는 응답자 2명과 심판 1명이 있다. 응답자 한 명은 인간이고, 또 한 명은 기계다. 인간 심판은 키보드를 통해 각 방에 있는 인간 또는 기계와 대화하여 어느 쪽이 인간인지 맞추는 것이다. 심판은 두 응답자와 충분한 대화를 하였으나, 어느 쪽이 인간인지 구별해 내지 못한다면 튜링 테스트를 통과하는 것이다.

+ 캡챠

튜링 테스트를 응용하여 만든 보안 기술이 캡챠CAPTCHA이다. 캡챠는 Completely Automated Public Turing test to tell Computers and Humans Apart의 약자이다. 웹 페이지 상의 사용자가 실제 사람인지 컴퓨터 프로그램인지 구별하기 위해 주로 사용되는 방법이다. 기계는 인식하기 어려우나 사람은 휘어지고 어그러져도 쉽게 인식할 수 있는 문자나 숫자를 통해 인간과 봇bot을 구별하는 방법이다.

인간은 텍스트와 이미지를 일그러뜨려도 이를 인식할 수 있지만 컴퓨터 프로그램은 현재의 수준으로는 인식하지 못한다. 캡챠는 광고 게시물 등록 방지, 회원가입 자동생성 방지, 이메일 및 개인정보 수집 방지, 온라인 선거 시 이중 투표 방지 및 계정 해킹 방지를 넘어 인공지능 개발에까지 응용되고 있다.

CAPTCHA

캡챠가 풀리면 인공지능의 문제가 해결되는 것이라고 보고 있다. 캡챠는 거꾸로 기계를 가려내는 방법이므로 리버스 튜링 테스트Reverse Turing test라고 도 한다.

+ 유진 구스트만

최초로 튜링 테스트를 통과한 인공지능 프로그램이 있다. 영국의 레딩대학교에서 개발한 채팅프로그램 유진 구스트만Eugene Goostman이다. 2014년 6월 '우크라니아 13세 소년'으로 소개한 유진은 심사위원들과 5분간 채팅을 하였다. 그 결과 33%(합격점 30%)의 심사위원들이 인간이라고 판단했다. 유진 구스트만은 큰 화제를 불러일으키고 튜링 테스트를 통과한 인공지능 프로그램에게 수여하는 '뢰브너상' 메달을 수상했다.

지금껏 이 테스트를 통과한 사례가 없었던 건, 그동안 컴퓨터가 인간의 질문을 전체 맥락에서 접근한 것이 아니라 '키워드keyword' 중심으로만 이해해왔기 때문이다. 이성환 고려대 뇌공학과 교수는 "맥락을 조금만 벗어나

세계 최초 튜링 테스트를 통과한 유진 구스트만(Eugene Goostman)

도 컴퓨터는 완전히 엉뚱한 답변을 하는 경우가 많다. 이번 통과는 컴퓨터가 문장 구조나 문맥을 파악하는 데 어느 정도 성공했다는 걸 보여준다"고 말했다. 하지만 컴퓨터가 진짜로 '생각'했다기보다는, 인간의 사고思考를 흉내 낸 것에 불과하다는 비판도 있다.[1]

+ 중국어 방 논증

중국어 방The Chinese Room은 튜링 테스트로는 기계가 지능이 있다고 판단하기 어렵다는 것을 논증하기 위해 존 설John Searl이 1980년에 제안한 사고 실험이다. 실험의 방법은 다음과 같다. 방 안에는 중국어는 전혀 모르고 영어만 할 줄 아는 사람이 들어간다. 그 방에는 대화를 할 수 있도록 미리 만들어 놓은 중국어 질문과 대답 목록을 함께 준비해 둔다. 방 밖에서 중국인

존 설의 중국어 방

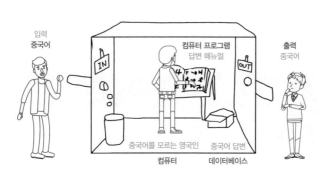

1 로봇, 64년 만에 인류를 흉내내기 시작했다, 〈조선일보〉 2014.06.13.
  https://biz.chosun.com/site/data/html_dir/2014/06/12/2014061202904.html

심사관이 중국어로 된 질문을 한다. 방 안의 사람은 준비된 대답 목록을 보고 답변을 중국어로 적어 밖에 있는 심사관에게 전달한다. 방 안에 있는 사람은 실제로 중국어를 알지 못하지만 방 밖의 심사관들은 중국어를 이해하고 질문에 답변했다고 생각한다.

질문에 대해 정확한 답변을 중국어로 한다고 해서 방 안에 사람이 중국어를 정말로 이해한다고 판정하기는 어렵다는 것이다. 질문에 정확한 답변을 하는 기계가 있다고 해도 튜링 테스트로는 지능이 있다고 판정할 수 없다는 논증적인 실험이다. 컴퓨터 프로그래밍을 하고 프로그래밍을 학생들에게 가르치는 필자는 '이 논증이 합당하다'는데 동의할 수밖에 없다. 질문과 답변을 일대일로 매핑하는 기계는 지능을 가진 것이 아니다. 그저 잘 만들어진 데이터베이스Database와 알고리즘Algorithm일 뿐이다.

2014년 개봉한 영화 〈그녀Her〉에서 인공지능 운영체제인 '사만다'가 주인공이다. 사만다는 주인공 테오도르와 자연스럽게 대화한다. 테오도르의 이야기에 귀 기울여주고 이해해주는 존재로 발전한다. 이런 사만다에게 테오도르는 사랑이라는 감정을 갖게 된다. 사만다 역시 테오도르가 느끼는 감정을 학습하며 단순한 운

인공지능 운영체제 '사만다'

영화 〈그녀(Her)〉

영체제가 아닌 하나의 인격체로 성장한다. 테오도르가 "사만다를 통해 느끼는 감정을 가짜 감정이라고 여겨야 할까? 사람이 아닌 사만다가 느끼는 감정을 진짜 감정이라고 여겨야 할까?"라는 질문보다 "사만다처럼 마음까지 나눌 수 있는 진정한 대화가 가능한 인공지능이 출시되면 튜링 테스트를 통과할 수 있을까?"라는 질문이 더 궁금하다.

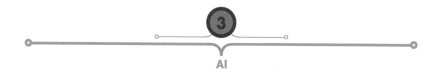

AI

인공지능 기술,
다트머스 회의를 통해 부상하다

앨런 튜링을 시작으로 인공지능이 시작되었으나 인공지능이란 단어를 세상에 알린 사건은 따로 있었다. 앨런 튜링은 그의 "컴퓨터 기계와 지능"이란 논문에서 "기계는 생각할 수 있을까?Can machines think?"라고 문제 제기만 했을 뿐이지만, 앨런 튜링의 논문이 인용된 횟수는 1만 건이 넘는다. 현대 컴퓨터 과학의 아버지라 불릴 만한 사건이다. 하지만 인공지능이란 단어를 세상에 제대로 알린 사건은 1956년 '다트머스 회의'를 통해서이다.

A. M. Turing (1950) Computing Machinery and Intelligence. *Mind 49*: 433-460.

COMPUTING MACHINERY AND INTELLIGENCE
By A. M. Turing

1. The Imitation Game

I propose to consider the question, "Can machines think?" This should begin with definitions of the meaning of the terms "machine" and "think." The definitions might be framed so as to reflect so far as possible the normal use of the words, but this attitude is dangerous, If the meaning of the words "machine" and "think" are to be found by examining how they are commonly used it is difficult to escape the conclusion that the meaning and the answer to the question, "Can machines think?" is to be sought in a statistical survey such as a Gallup poll. But this is absurd. Instead of attempting such a definition I shall replace the question by another, which is closely related to it and is expressed in relatively unambiguous words.

COMPUTNG MACHINERY
AND INTELLIGENCE

앨런 튜링 논문

+1956년 '다트머스 회의'

1956년 여름, 다트머스 대학에서 인공지능이라는 분야를 확립한 다트머스 회의Dartmouth Conference가 열렸다. 이 학술 회의를 개최한 존 매카시John MacCarthy는 인공지능Artificial Intelligence이란 용어를 처음으로 만들었다. 존 매카시 교수는 이 분야에 공을 세운 사람들을 초청하여 한 달 동안 긴 회의를 한 것으로 알려진다. 인공지능의 아버지라 불리는 마빈 민스키Marvin Minsky는 MIT 대학에 AI 연구실을 처음으로 만든 분이다. 인공지능 분야에 혁혁한 공이 있으면서도 인공지능의 추론과 논리의 한계를 비판하면서 인공지능의 역사에서 겨울을 맞이하게 한 장본인이기도 하다.

클로드 섀넌Claude Elwood Shannon은 정보이론을 창시하고 통신 및 압축 관련 기술을 연구하였으며 미국 최대의 통신회사인 AT&T의 벨 연구소에서 근

1956년 다트머스 회의 : AI의 창시자들

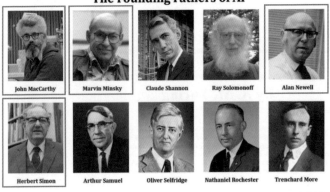

구글이미지

무했다. 불Boolean 논리를 전기회로로 구현할 수 있는 방법을 연구하여 디지털 논리회로 이론을 창시한 분이다. 레이 솔로모노프Ray Solomonoff는 논리적인 사고인 귀납적 추론Inductive inference 분야의 공이 큰 분이다.

앨런 뉴얼Allen Newell과 허버트 사이먼Herbert Simon 교수는 카네기 멜론 대학의 인공지능 연구소에서 인간-기계 상호작용Human-Computer Interaction이라는 분야를 발전시켰다. 컴퓨터 과학 및 인지심리학의 연구자이며, 정보처리언어1956, 논리 이론가Logic Theorist, 일반 문제 해결자General Problem Sovler이다. 인공지능과 인지심리학 분야의 공헌을 인정받아 두 사람이 함께 튜링상을 받았다.

나머지 분들은 IBM 등 여러 산학협력으로 연구하던 분들이다. 인공지능 분야는 학문의 연구만으로 해결되는 것이 아니라, 산업계에서 실제 활용이 중요하기 때문에 학문분야와 산업계의 협력이 중요하다 여겼다. 다트머스 회의의 전설의 4인방이라 불리는 분은 존 매카시, 마빈 민스키, 앨런 뉴얼과 허버트 사이먼 교수이다.

+ 인공지능의 제1차 봄과 겨울

1950년 앨런 튜링을 시작으로 존 매카시가 인공지능을 창시하고 다트머스 회의를 통해 인공지능에 대한 기대가 증폭되었다. 인공지능에 대한 관심은 국가의 막대한 투자로 이어졌다.

앨런튜링 이전의 신경 생리학자 워렌 맥컬록Warren S. Maculloch(1898~1969)

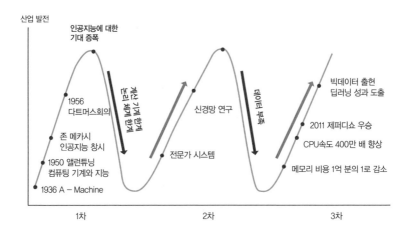

인공지능의 봄과 겨울

산업 발전

인공지능에 대한
기대 증폭

1956
다트머스회의

존 메카시
인공지능 창시
1950 앨런튜닝
컴퓨팅 기계와 지능
1936 A – Machine

계산 기계 한계
논리 체계 한계

신경망 연구

전문가 시스템

데이터 부족

빅데이터 출현
딥러닝 성과 도출

2011 제퍼디쇼 우승
CPU속도 400만 배 향상
메모리 비용 1억 분의 1로 감소

1차   2차   3차

은 1943년에 이미 인공지능 학습용 신경망의 초기 모델인 '신경망'이
라는 이론을 발표하였다. 그 후 심리학을 연구하던 프랭크 로젠블랫Frak
Rosenblatt(1928-1971)이 1958년 신경망을 이용하여 실제 테스트에 활용하고
'퍼셉트론'의 초기 모델을 발표했다. 하지만 이 당시 컴퓨터 성능의 한계로
이론을 기계를 통해 증명하는 데는 한계가 있었다.

1969년 마빈 민스키는 기호와 통계를 기반으로 하는 추론과 논리 구조
를 통해 인공지능의 발전을 기대했다. 그래서, 뉴런의 구조를 닮은 신경
망과 관련된 연구의 한계를 제시했다. 기호와 논리의 XOR 문제를 구현할
수 없다는 것을 수학적으로 증명한 것이다. XOR 문제란 배타적 OR로 2
개의 명제 가운데 1개만 참일 경우 결과가 참이 되는 논리 연산이다. 이로
써 인공지능 기술의 기대는 사그라들고 제1차 겨울을 맞이하게 된다. 이
퍼셉트론의 허점은 후에 다중 퍼셉트론으로 증명되어 XOR 문제를 극복

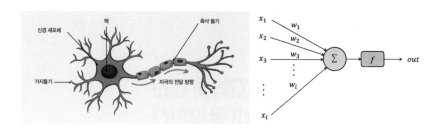

할 수 있었으나, 그 당시에는 이를 증명하지 못했다.

  인공지능에 대한 기대는 앨런 튜링을 시작으로 해서 다트머스 회의를 통해 사람들에게 알려졌다. 신경망 이론은 인간 지능을 연구하는 뇌과학자, 인지과학 및 심리학자들로부터 발전했다. 정보과학 및 컴퓨터 과학은 논리와 추론을 기반으로 한다. 기호·통계를 연구하는 컴퓨터 과학자들로부터 자료구조와 알고리즘이 발전했다. 현재의 인공지능 개념은 신경망 이론이 정립하고 알고리즘은 컴퓨터 과학자들이 발전시킨 것이다. 개념과 기술의 결합으로 인간의 지능을 닮은 '딥러닝'이 탄생하고 현대의 인공지능이 탄생한 것이다.

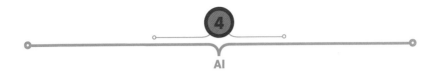

인공지능에 대한
관심이 폭발하다

제1차 인공지능이 겨울을 맞이한 원인은 개념을 정립하고 이를 구현한 학자들도 인공지능을 제대로 이해하지 못했기 때문이다. 인공지능이 뭔가 대단한 일을 할 것이라는 기대에 부응하지 못했고 컴퓨터 성능은 턱없이 부족했다. 인공지능에 대한 관심은 겨울을 맞이했지만 학자들의 열정을 식히지는 못했다. 인공지능 연구 학자들은 기계에게 이 세상의 지식을 학습시키는 방법을 끊임없이 연구했고, 이를 전문가 시스템으로 구현해 냈다. 전문가 시스템 역시 기계 학습의 한계를 드러내기는 하였으나, 그럼에도 불구하고 신경망 이론을 다층으로 구현하는 '딥러닝 알고리즘'으로 발전시키면서 세기의 바둑 대결 '알파고'가 등장하게 되었다.

+ 지식의 표현

인공지능에게 이 세상의 지식을 이해시키려는 시도는 계속되었고, '지식의 표현'이라는 방법이 사용되었다. 지식의 표현이란 인간이 세상을 배우는 방식이다. 인간은 사물을 보고, 만지며, 오감을 통한 다양한 경험으로 지식을 쌓는다. 즉, 자연을 보며 길을 걷고, 음악을 들으며 책을 읽으며, 사람들과 대화하면서 다양한 지식이 쌓인다. 이렇게 쌓은 지식을 바탕으로 정보들을 연결한다.

정보의 표현이란 정보들과의 관계를 정리하고 표현하는 방법이다. 이를 지식 표현knowledge representation이라 하고 지식을 표현하는 방법으로 'is-a'나 'has-a' 와 같은 개념을 사용한다. 'is-a'는 상속 관계를 말하는데 'A는 B이다'에서 '~이다'와 같다. '고양이는 포유류이다'라든지 '사과는 과일이다'로 표현한다. 한편, 'has-a'는 포함 관계를 말하며 부분이 전체 '~에 속한다belong to'에 해당한다. '사람은 눈을 가진다' 또는 '자동차는 바퀴를 가진다'로 표현한다.

지식knowledge을 컴퓨터와 사람이 함께 이해할 수 있는 형태로 표현하고, 여기에 규칙을 부여하여 시스템으로 구현한 것이 규칙 기반 전문가 시스템Expert System이다. 현재 컴퓨터 과학에서도 자료는 정형화할 수 있는 데이

지식의 표현

고양이
is - a
포유류

자동차
has - a
바퀴

터와 정형화할 수 없는 비정형 데이터로 나뉜다. 이 두 자료를 표현하는 방법 역시 연속적인 자료의 저장 방법인 '선형 구조'와 연속적으로 저장할 수 없는 '비선형 구조'로 나누어 표현한다. 그리고 정보들 사이의 관계와 이를 구현하기 위한 알고리즘을 적용하여 실세계의 문제들을 해결할 수 있는 시스템을 구현해낸다. 이런 시스템을 전문가 시스템이라고 부르는 것이다.

+ 규칙기반 전문가 시스템: 제2차 인공지능의 봄

전문가 시스템은 전문가의 지식을 컴퓨터 시스템에 구현하여 누구든지 전문가의 도움을 쉽게 받을 수 있도록 하는 것이다. 전문가 시스템에는 자문 시스템, 진단 시스템, 의사결정 시스템, 감시 시스템, 의학 시스템, 법률 시스템 등 실용적인 분야에 폭 넓게 사용 가능하다. 한 분야에 특화된 인공지능 시스템은 뚜렷한 목표를 가진 전문가 시스템으로 발전할 수 있었다. 이때를 제2의 인공지능의 봄이라 일컫는다.

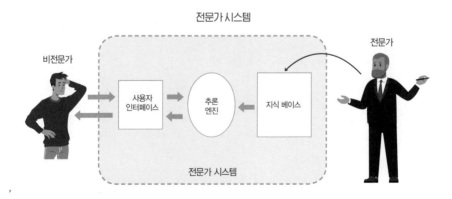

1976년 개발된 마이신MYCIN은 규칙기반 인공지능을 활용한 최초의 전문가 시스템 모델로 평가받는다. 마이신은 혈액의 감염을 진단하고 처방법을 내렸으며, 추론 엔진을 사용하여 600여 개의 규칙을 적용하였다. 1997년 개발된 딥 블루Deep Blue는 IBM 과학자들이 개발한 체스 전용 인공지능 컴퓨터이다. 러시아의 세계 체스 챔피언 카스파로프Кúмович Каспа́ров와의 대결에서 승리한 최초의 컴퓨터이다. 딥 블루는 과거 100년 동안의 체스 경기의 기보를 학습하고 체스 전문가의 경기를 모두 학습하였다. 경우의 수가 헤아릴 수 없이 많고, 인간의 촉이 승패를 좌우하는 체스와 같은 경기에서 딥 블루의 승리는 인공지능 컴퓨터의 가능성을 열었다.

IBM 왓슨Watson은 2010년 개발되었는데, 1초당 80조 번의 연산을 수행할 수 있다. 왓슨은 수학, 과학, 인문학에 걸친 방대한 정보를 학습하고 인간과 같은 논리적인 판단 및 추론이 가능하다. 2011년 2월 왓슨은 〈제퍼디 퀴즈쇼〉에 참가하여 사회자의 질문을 음성으로 인식하고 이를 분석하

'제퍼디 퀴즈쇼'에 출연한 왓슨

Neo Music Communication IZM

여 음성으로 답하였다. 퀴즈쇼의 질문은 단순 지식을 묻는 것이 아니라 다방면의 지식을 연결하여 답을 구하는 문제형식이다. 이 대회에서 왓슨의 우승은 인공지능의 태동을 의미하였다.

+ 심볼 그라운딩 문제: 제2차 인공지능의 겨울

왓슨은 암의 진단이나 유전자 분석 등 의료 분야에 응용되었고 닥터 왓슨, 쉐프 왓슨처럼 특정 영역에서만 실력 발휘를 한다는 점에서 그 한계를 드러냈다. 여기에 기계 학습의 어려움이 나타난다. 지식은 의미를 담고 있는데 기계는 지식을 표현하고 저장할 뿐 그 의미를 담지 못한다. 예를 들어, 김춘수의 꽃에서 "내가 그의 이름을 불러주었을 때, 그는 나에게로 와서 꽃이 되었다"라는 지식을 컴퓨터는 "내가 그의 이름을 부르면, 그는 꽃이 되다"로 해석할 수 밖에 없는 한계인 것이다. 이는 IF ~ THEN의 한계를 넘지 못하는 프레임 문제Frame Problem와 더불어 기호를 그 의미와 연결하지 못하는 한계이다. 이를 '심볼 그라운딩 문제Symbol Grounding Problem'라고 한다. 즉 '꽃'이라는 심볼Symbol과 그것이 의미하는 심볼 '특별한 사람'이 연결되지 못하는 것이다. 이렇게 제2차 인공지능의 겨울이 다시 찾아왔다.

+ 알파고와 이세돌의 바둑대결: 제3차 인공지능의 봄

알파고AlphaGo는 구글 딥마인드Deep Mind가 2016년 과학 학술지 〈네이처〉를 통해 발표한 바둑 프로그램이다. 구글 딥마인드는 2016년 획기적인 대국을 벌이는데, 알파고와 이세돌 9단의 바둑 대결이었다. 바둑은 그 경우의

이세돌과 알파고의
바둑 대결

수가 무한 수열의 조합에 가까운 바둑판 위에서 벌어지는 생존 게임이다. 바둑은 그 수가 깊고 오묘하며 바둑돌을 어디에 놓느냐에 따라 전혀 다른 경기가 된다. 선택할 수 있는 경우의 수가 너무 많아 바둑이 생긴 이후로 똑같은 판은 나올 수 없을 정도라고 한다. 바둑에서 판에 돌을 놓을 수 있는 경우의 수는 모두 361!factorial이다. 우주에 있는 원자의 개수보다도 헤아릴 수 없을 만큼 많은 무한 수열에 가까운 수이다.

바둑 기사 이세돌이 알파고와의 대전 이후 한 인터뷰에 "인간에게 졌을 때와는 비교할 수 없을 만큼 당혹스러웠습니다. 문제는 상대를 얕잡아봤다는 것이지요. 지금 생각해봐도 저는 인공지능에 대해 너무 몰랐습니다"라고 답변했다. 또 대전 이후에는 "상대방이 선택지가 적을수록 인공지능의 힘은 강해진다고 알려져 있습니다. 계산력이 무기니까요. 하지만 초반에는 선택의 폭이 넓어서 인간의 감각이 인공지능을 압도할 것으로 생각했습니다. 그런데 오히려 반대였습니다. 초반에 가능성이 큰 만큼, 감각보다 계산력이 중요하더군요"[2]라고 말했다. 이세돌의 인터뷰가 의미있는 것은 인공지능 시대를 살아가려면 인공지능을 제대로 알아야 한다는 것과 인간의 감각보다 인공지능의 계산력이 우위에 있다는 점이다.

인간의 게임이라고 여긴 바둑에서 이세돌을 제친 알파고의 승리는 진정 인공지능의 승리였다. 전 세계는 알파고에 열광했고 알파고를 탄생시킨 딥러닝이라는 인공지능 알고리즘에 열광했다. 긴 겨울을 깨고 제3차 인공지능의 봄이 다시 온 것이다. 지금까지 진행된 인공지능의 여러 연구들에 빅데이터와 사물인터넷을 통한 방대한 양의 데이터들이 활용되었다. 빅데이터와 사물인터넷을 통한 수집된 자료들은 인공지능 학습의 교과서가 된다. 거기에 기하급수적으로 향상된 컴퓨터 성능이 뒷받침되어 2000년 이후 제3차 인공지능은 전성기를 맞이하고 있다.

---

2 일본경제신문사(2019.3), 《2045 인공지능 미래보고서》, 반니, p.61

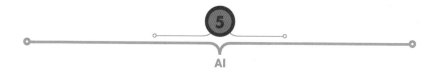

CPU, GPU, NPU로
인공지능 컴퓨터 반도체가 발전하고 있다

인공지능 기술의 발전에서 반도체 기술의 발전을 빼놓을 수 없다. 컴퓨터 구조에서 가장 중요한 장치인 중앙처리 장치CPU의 발전은 무어의 법칙대로 꾸준히 2배씩 증가해 왔다. 하지만 CPU의 발전만으로 인공지능 기술을 발전시키기에는 자원의 낭비와 처리 속도 지연이라는 문제들이 발생하였다. 그리하여 인공지능 기술에 적합한 반도체 기술이 필요해졌다. 방대한 이미지나 동영상 데이터들을 처리하기 위해 고성능 그래픽 처리 장치GPU가 필요하고, 인간의 뇌를 닮은 학습과 추론 연산에 적합한 신경망 처리 장치NPU가 필요해졌다.

+ 중앙처리장치: CPU

CPUCentral Processing Unit는 컴퓨터의 뇌에 해당하는 중앙처리 장치이다. 중앙 처리 장치는 제어 장치Control Unit와 산술/논리 연산ALUArithmetic Logic Unit 장치로

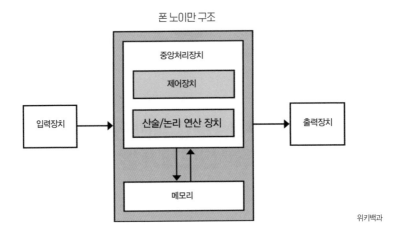

폰 노이만 구조

중앙처리장치

제어장치

산술/논리 연산 장치

입력장치

출력장치

메모리

위키백과

이루어져 있다. 입력장치로부터 들어온 자료는 산술 연산 또는 논리 연산
이 수행되고, 연산의 결과는 제어 장치의 명령에 따라 메모리나 출력 장치
로 전달된다. 폰 노이만 구조를 따르는 CPU는 캐시 메모리를 여러 층Layer
으로 사용하여 다양한 형태의 프로그램이 컴퓨터 자원을 효율적으로 사용
할 수 있도록 한다. 하지만 순차적으로 실행되는 한계는 극복하지 못하고
있다. 언제나 한번에 하나의 명령만을 순차적으로 처리한다. CPU는 범용
계산기로 작업을 효율적으로 실행할 수 있기에 컴퓨터, 스마트 기기, 각종
임베디드 장비들의 메인 프로세서 대부분이 CPU를 사용하고 있다.

+ 그래픽 처리 장치: GPU

GPUGraphic Processing Unit는 컴퓨터 그래픽을 처리하는 장치이다. GPU는 그래
픽 카드에 장착되어 컴퓨터 프로그램 중에서 그래픽 처리를 하는데 주로
사용되었다. 지금은 인공지능 기술이 발전하면서 대량의 실시간 영상 데

CPU vs GPU

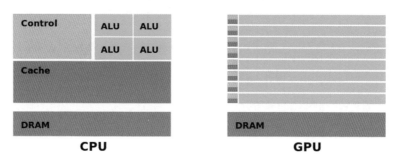

https://commons.wikimedia.org/wiki/File:Cpu-gpu.svg

이터 처리를 위해 사용되고 있다. CPU의 경우에는 연산 속도가 빠르고 효율적이기는 하나 한 번에 하나의 명령만을 수행한다는 한계를 가지고 있다. 이렇다 보니 컴퓨터 게임이나 영상 처리 시 모니터에 3차원 그래픽을 그리느라 다른 프로세스를 실행할 수 없다는 문제가 발생하게 된다. CPU와 GPU의 구조를 비교해 보면 위의 그림과 같다.

그래픽 처리에 필요한 계산은 복잡한 명령어나 많은 수의 레지스터가 필요하지 않다. 복잡한 캐시 구조도 필요 없다. 그냥 동일한 형태의 계산을 대량으로 수행하면 된다. GPU는 단순한 형태의 대량 계산을 CPU로부터 독립시키기 위하여 고안된 코프로세서Co-processor이다. GPU가 열심히 모니터에 그림을 그리는 동안 CPU는 중요하고 복잡한 인공지능 알고리즘 연산을 수행하면 된다.

+ 인공지능 반도체: NPU

NPU$_{\text{Neural Processing Unit}}$는 인공지능 반도체라 불리는 장치이다. 인공지능 연산을 하기 위해서는 많은 수의 합성곱$_{\text{행렬}}$ 연산을 해야 하는데, 이를 위해 특화된 연산 장치가 필요하다. NPU는 사람의 신경망을 모방했다. 데이터를 처리하는 연산에 적합한 코프로세서이다. 사람처럼 학습하고 추론하는 데 최적화된 반도체라고 할 수 있다. CPU보다 100배 이상의 성능을 자랑한다.

합성곱$_{\text{Convolution}}$의 예를 들자면, 하나의 데이터에서 특징을 추출하기 위해서 필터를 사용한다. 여기서는 3×3 필터를 사용하여 합성곱을 수행하여 결과로 나온 값 40을 특징 추출 값에 저장한다. 수많은 데이터의 합성

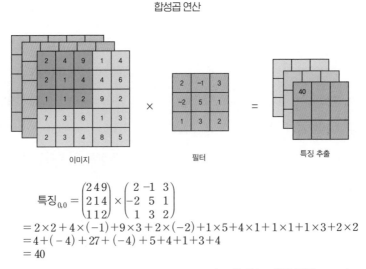

합성곱 연산

이미지   필터   특징 추출

$$특징_{0,0} = \begin{pmatrix} 2 & 4 & 9 \\ 2 & 1 & 4 \\ 1 & 1 & 2 \end{pmatrix} \times \begin{pmatrix} 2 & -1 & 3 \\ -2 & 5 & 1 \\ 1 & 3 & 2 \end{pmatrix}$$
$$= 2\times2 + 4\times(-1) + 9\times3 + 2\times(-2) + 1\times5 + 4\times1 + 1\times1 + 1\times3 + 2\times2$$
$$= 4 + (-4) + 27 + (-4) + 5 + 4 + 1 + 3 + 4$$
$$= 40$$

https://voidint.com/2020/10/14/cpu-gpu-tpu-npu

곱을 수행할 수 있도록 한 장치가 NPU이다.

알파고의 주인인 구글은 2016년에 인공지능 반도체 TPUTensor Processing Unit칩을 공개했다. TPU는 당시 최대 180테라플롭스의 연산이 가능하다. 모바일용이 아닌 바둑 인공지능 컴퓨터인 '알파고'를 위해 개발한 칩이라 할 수 있다. 그리고 2018년 초소용 TPU인 에지TPUEdge TPU를 발표했다. 이 칩을 이용하면 클라우드에서 머신러닝 학습을 가속화 한 다음, 순식간에 머신러닝 추론을 할 수 있다.[3] 중국 화웨이는 '기린'이라는 제품을 개발했고, 마이크로소프트, 페이스북, 바이두, 우리나라는 삼성에서 인공지능 반도체 개발이 진행 중이다.

CPU는 범용 컴퓨터를 효율적으로 사용할 수 있고 코프로세서Co-processor인 GPU는 그래픽 처리를 효율적으로 한다. NPU는 인간의 뇌와 같은 연산인 학습과 추론에 가장 적합한 반도체이다. 신경망 이론은 1940년대 발표되었고, 1980년대에는 인공지능이라 불리는 시스템이 개발되었다. 인간의 뇌를 닮은 인공지능은 2000년대에 가능해졌다. 인공지능의 역사는 오래되었지만 발전하는데 한계가 있었던 것은 인공지능을 학습시킬 데이터의 부족과 컴퓨터 성능의 한계 때문이었다. NPU의 역사는 얼마되지 않았지만 앞으로의 인공지능 기술은 기대해볼 만하다. 우리가 늘 사용하는 모바일 기기에 NPU가 장착되면 1인 1인공지능 시대가 곧 오리라는 확신이 든다.

---

3 김상현(2020.10), 《인공지능, 무엇이 문제일까》, 동아 엠엔비, p.166

6
AI

4차 산업혁명의 핵심은
인공지능이다

산업혁명이란 파괴적 기술의 탄생으로 이전의 시스템이 아닌 완전 새로운 시스템으로 바뀌는 것을 의미한다. 변화는 순식간에 일어나며 경제시스템과 사회 구조를 변화시키고 제도와 법, 문화 등 여러 분야에서 변화를 요구한다. 1차 산업혁명에서는 증기기관의 발명이, 2차 산업혁명에서는 전기, 3차 산업혁명에서는 컴퓨터와 인터넷이 바로 혁명에 가까운 기술인 셈이다. 독일의 인더스트리 4.0을 아이디어로 한 4차 산업혁명이 등장했다. 인더스트리 4.0이란 세계경제포럼 회장 클라우스 슈밥의 주장이다. 4차 산업혁명의 파괴적 기술은 빅데이터, 사물인터넷, 로봇, 3D프린터 등 여러 기술들이 있다. 하지만 궁극적으로는 인공지능이 최종 목표이다. 이 모든 기술들은 결국 인공지능 사회를 구현하기 위해 필요한 기술들이기 때문이다.

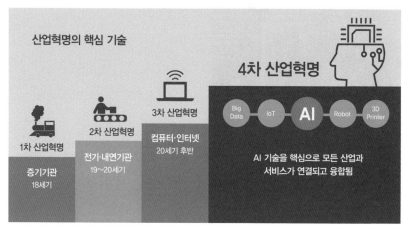

4차 산업혁명이란 무엇인가?

산업혁명의 핵심 기술

4차 산업혁명

3차 산업혁명

Big Data — IoT — AI — Robot — 3D Printer

2차 산업혁명

컴퓨터·인터넷
20세기 후반

1차 산업혁명

전기·내연기관
19~20세기

AI 기술을 핵심으로 모든 산업과
서비스가 연결되고 융합됨

증기기관
18세기

　18세기의 산업혁명의 핵심 기술은 증기기관의 발명이다. 증기기관은 수공업을 기계공업으로 전환시켰고 대량 생산을 통해 노동 생산성은 2배 이상 성장했다. 19세기에는 이보다 더 강력한 전기를 활용한 대량 생산이 이루어진 시기였다. 철도 건설과 대규모 철강 생산, 제조업 공장이 급성장했고 전기를 이용한 통신기술이 발달하였다. 하지만 경제 성장과는 별개로 노동자들의 불만은 쌓여만 갔다.

　"기계들이 우리 노동자들의 일을 대신해 버린다. 기계가 많아질수록 노동자들의 일자리는 사라지고 생존은 위협 받게 된다. 그러니 저 기계들을 부숴버리자! 그래야만 우리 노동자들이 잘 살 수 있다."

　러다이트Luddite 운동(기계 파괴 운동)을 주도했던 전설적인 인물 영국의 네드 러드가 노동자들을 향해 외쳤던 말이다. 이 운동은 19세기 초 영국의

러다이트(Luddite) 운동

위키백과

산업화 과정에서 등장한 방적기가 노동자들의 일자리를 빼앗는다며 수공업 노동자들을 중심으로 기계를 부수는 폭동을 일으킨 사건이다.[4]

3차 산업혁명은 개인용 컴퓨터의 등장과 1990년대 인터넷을 기반으로 한 통신의 발전으로 생겨난 사회의 변화이다. 전통적인 제조업 중심 산업의 '블루 칼라'에서 지식인이라 불리는 '화이트 칼라'가 등장한다. 전 세계 사람들이 지식을 공유하고 협업할 수 있는 지식 정보화 사회가 되었고, 정보통신기술 ICTInformation & Communications Technology 활용이 주요한 능력이 되었다.

'4차 산업혁명'은 지능을 가진 기계들이 독립적으로 작동하는 것이 아니라 서로 연결되고 융합하는 기술을 말한다. 4차 산업혁명의 핵심 요소는 빅데이터를 기반으로 한 인공지능의 '연결'과 '융합'이다. 똑똑한 기계는 마치 사람처럼 생각하고 말하고 행동하면서 서로 소통한다. 인공지능 기술 덕분에 정치, 경제, 사회는 혁신적인 변화가 일어나고 있다. 여러 기술

----

4 기계가 일자리 뺏는다?…역사적 해프닝으로 끝난 기계파괴운동, 〈한국경제〉 2013.11.23. 지면 A19.

들이 연결되고 융합되어 새로운 가치를 창출한다. 속도는 이전의 3차 산업혁명과는 비교할 수 없을 정도로 빠르다. 지능을 가진 기계는 화이트 칼라의 영역까지 모두 차지한다. 속도가 매우 빠르므로 인간은 기계의 학습 속도를 따라 잡을 수 없다.

생산성은 비약적으로 높아지고 시장을 먼저 선점한 기업만이 살아남는다. 동일한 산업이나 서비스에 뒤늦게 합류해도 그동안 인공지능이 습득한 학습의 속도를 따라 갈 수 없다. 오히려 기업은 새로운 가치를 실현하려는 노력이 필요하다. 노동과 자본으로 운영되는 기업이 아닌 기술을 이용하여 사회적 가치를 높이는 기업을 한다면, 승산이 있다. 새로운 사업은 기존에 없었던 것이기에 이미 선점한 기업보다 더 크게 성장할 수 있다.

2016년 스위스 다보스에서 열리는 세계경제포럼WEF[5]에서 '제4차 산업혁명'이란 말을 클라우스 슈밥Klaus Schwab 회장이 사용했다. 세계경제포럼은 세계 경제를 움직이는 인사들이 모여 미래 경제를 토의하는 중요한 회의

세계경제포럼 회장 클라우스 슈밥

서울창업신문
http://scnews.co.kr/news/view.html?section=125&category=130&item=&no=1609

5 매년 스위스 다보스에서 열리기 때문에 '다보스 포럼'이라고도 불린다.

이다. 클라우스 슈밥은 "4차 산업혁명은 우리가 하는 일을 바꾸는 것이 아니라 인류 자체를 바꿀 것"이라고 말했다.

4차 산업혁명의 핵심은 인공지능과 빅데이터이다. 인공지능이 발달하기 위해서는 지능을 발달시키기 위한 학습 자료가 필요한데, 그것이 바로 빅데이터이다. 각종 기계에 달린 센서를 통해 수집된 데이터는 기계 학습의 자료가 된다. 딥러닝으로 학습한 인공지능은 더욱 똑똑한 지능을 갖게 된다. 한번 학습한 지식은 인간처럼 망각하지도 실수하지도 않는다. 그리고 24시간 쉬지 않고 열심히 배우며 점점 더 똑똑해진다. 인간을 넘어서는 '인공 인간'이라 할 수 있다. 4차 산업혁명을 어떻게 이해하고 받아들여야 하는지에 대한 답은 아무도 모른다. 클라우스 슈밥의 말에 동감할 뿐이다.

"제4차 산업혁명의 최종 목적지는 결국 그 잠재력이 최대한 발휘될 수 있도록 만드는 우리의 능력에 달려있다."

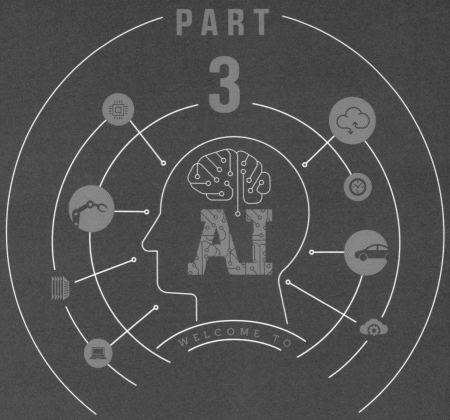

PART

3

AI

WELCOME TO

인공지능에서
데이터란 무엇인가?

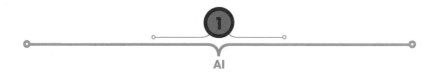

AI

정보보다
데이터가 중요한 시대

인공지능 시대에 가장 중요한 것으로 빅데이터Big Data를 꼽는다. 인공지능을 학습시키기 위해서는 재료가 필요한데 그게 바로 데이터이기 때문이다. 그런데, 이 데이터는 지금까지의 데이터와는 접근 방법이 좀 다르다. 지금까지는 인간의 경험과 전문 지식이 반영된 데이터를 중요시했다면, 빅데이터는 사람뿐만 아니라 사물에서 나오는 모든 데이터를 의미한다. 아무런 의미도 없는, 가공되지 않은 데이터, 이것이 빅데이터이다. 앞으로는 빅데이터의 가치를 잘 이해하고 이를 잘 활용할 수 있는 사람이 미래 인공지능 사회에서 경쟁력을 가질 수 있다.

＋ 인공지능 시대의 원유

인공지능을 이해하기 위해서는 우선 빅데이터를 이해해야 한다. 빅데이터는 데이터Data가 많이Big 모인 것이다. 그런데 이 빅데이터가 왜 중요한 것일까? 3차 산업혁명 시대는 지식 정보 사회라고 했다. 정보Information란 수많은 데이터 중에서 유의미한 데이터만을 모아 놓은 것이다. 정보를 사용하는 자에게 가치 있는 데이터를 말한다. 즉, 사용자에게 유의미한 데이터인 정보가 중요한 것이다. 그런데, 인공지능 사회에서는 이 패러다임이 바뀌었다. 과거 데이터에서 정보를 추출하는 것을 인간이 했다면, 인공지능 사회에는 기계가 대신한다는 것이다. 그래서, 유의미한 데이터가 아닌 그냥 데이터 집합, 즉 빅데이터가 중요하다는 점이 다르다.

예를 들어, 지역별 성적 분포를 조사한다고 해보자. 정보가 중요한 시대에는 사는 지역, 소득 수준, 1인당 교사 수, 사교육 비율 등 유의미한 데이터를 가지고 분석을 하여 결과를 도출하였다. 이때, 유의미한 데이터는 인간이 판단하여 컴퓨터에게 제공한다. 반면, 빅데이터를 가지고 지역별 성적 분포를 조사하면 그 프로세스가 바뀐다. 인간은 데이터에 의미를 부여하지 않는다. 그냥 데이터 전부를 제공할 뿐이다. 사는 지역, 소득 수준, 1인당 교사 수, 사교육 비율 등을 비롯하여 학생의 성적, 키, 몸무게 등 상관없어 보이는 데이터까지 모두 제공한다. 그러면, 인공지능이 데이터를 전부 읽고 나서 유의미한 결과를 도출한다. 그로 인해, 인공지능은 인간이 생각지 못했던 지역별 성적과 학생의 성격과의 관계를 발견할 수도 있다.

+ 데이터의 종류와 다양성

이전에는 컴퓨터가 저장하고 처리하기 편한 정형화된 데이터가 주를 이루었다. 주로 숫자나 문자와 같은 데이터이다. 숫자 계산은 컴퓨터가 가장

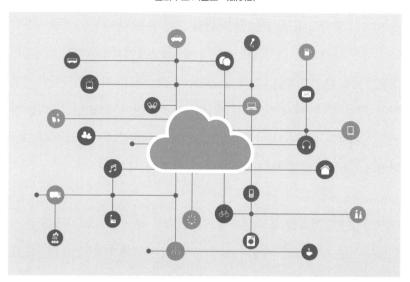

자신있는 분야이다. 처리 속도면이나 정확성 측면에서 인간은 도저히 컴퓨터를 이길 수 없다. 텍스트의 경우에는 의미를 분석하는 것은 어렵지만 텍스트를 입력하고 저장하여 출력하는 것은 매우 쉬운 일이었다. 하지만 인공지능 시대를 구현하기 위해서는 인간이 주로 사용하는 데이터를 다뤄야 한다.

인간이 주로 사용하는 데이터는 오감을 통한 데이터이므로 비정형화된 데이터이다. 시력은 이미지나 영상 데이터, 귀는 소리의 크기나 음색 데이터, 후각은 향, 촉각은 피부감각, 미각은 맛을 데이터로 저장한다. 사물인터넷 IoT_{Internet of Things}을 통해 각종 센서로부터 조도, 습도 등의 현실 세계 데이터가 생성된다. GPS, 속도, 중력과 같은 물리 값들이 클라우드_{cloud} 환경을 통해 전달된다. 이들 데이터는 유의미한 정보가 아닌 그냥 데이터일 뿐이다. 빅데이터가 필요한 이유는 이러한 데이터로부터 가치를 찾아내고 결과를 분석할 수 있는 인공지능 알고리즘이 있기 때문이다.

인간은 보이는 데로 보는 게 아니라 보고 싶은 것만 본다. 또, 들리는 데로 듣는 게 아니라 듣고 싶은 것만 듣는다. 똑같은 공간에 함께 있는데 누구는 풍경을 보고 누구는 사람의 표정을 본다. 또, 같은 상황에서 같은 말을 들어도 듣는 사람의 입장이나 경험에 따라 다르게 해석한다. 그래서 늘 인간 사이에는 오해가 생기고 오류가 발생한다. 빅데이터의 가치는 인간과 컴퓨터의 차이로 인해 빛을 보게 된 것이다. 인간의 한계로 보지 못한 데이터를 발견하는 것이 빅데이터가 하는 일이다.

+ 빅데이터의 특징: 5V

요즘엔 핸드폰이 없으면 일상 생활에 지장이 있을 정도로 현대 사회의 필수품이 되었다. 핸드폰의 SNS와 센서를 통해 실시간으로 수 없이 많은 데이터들이 클라우드를 통해 저장된다. 데이터의 종류도 텍스트, 이미지, 오디오, 영상 등 다양하다. 사물인터넷까지 더해져 사물과 사람뿐만 아니라 사물과 사물 사이에도 데이터를 주고 받는 시대가 되었다. 이 모든 생태계를 통해 데이터가 생산되고 새로운 차원의 의사소통이 일어난다. 빅데이터의 특징은 데이터의 크기Volume, 생성 속도Veloity, 종류의 다양성Variety, 데이터의 가치Value와 정확성Veracity이다.

인터넷 시대인 1990년대 후반에는 포털 사이트가 상당히 인기 있었다.

네이버와 같은 포털 사이트에 접속하면 카테고리를 통해 내가 원하는 정보를 쉽게 찾을 수 있었기 때문이다. 이는 사람들이 데이터를 유의미하게 분류해 놓은 것이다. 반면, 구글에는 아무것도 없는 빈 화면에 네모난 박스 하나만 덩그러니 있다. 사람들은 네모난 박스를 통해 오로지 검색을 통해서만 정보를 찾는다. 구글이 하는 일을 잘 이해하지 못한 사람들은 "당신들은 네모난 박스로 무엇을 하는 거죠?"라는 질문을 했다고 한다. 구글은 "우리는 인공지능을 하고 있습니다"라고 말했다. 이렇게 쌓인 빅데이터로 미국 대통령 선거 결과를 예측한 구글은 '구글은 미국 대선 결과를 알고 있다'라는 수준에까지 이르렀다.

빅데이터는 인공지능 시대에 원유이다. 이처럼 빅데이터는 4차 산업혁명 시대의 가장 중요한 자원이라는 의미이다. 인공지능은 인간의 한계 때

빅데이터의 특징

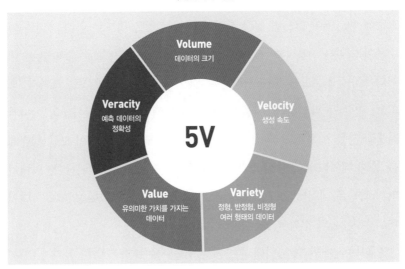

문에 보지 못하는 데이터를 강력한 컴퓨터 성능과 알고리즘으로 찾아준다. 데이터의 종류는 숫자와 텍스트와 같은 정형화된 데이터에서 영상, 음성, 각종 IoT 센서에서 발생하는 아날로그 데이터까지 비정형 데이터로 바뀌었다. 데이터는 인간이 아침에 눈을 뜨면서부터 잠들 때까지 끊임없이 생성된다. 클라우드 환경에서 사물들끼리 통신하며 새로운 차원의 의사소통이 일어난다. 데이터가 보내는 신호의 가치를 인간이 캐치 할 수 있도록 돕는 것이 빅데이터이다.

인공지능을 발전시키는
빅데이터 활용 방법이 있다

인공지능은 데이터를 학습하면 할수록 똑똑해진다. 인공지능을 연구하고 개발하려고 하는 회사들은 빅데이터에 주목하고 있다. 흘려 지나가는 데이터를 어떤 관점으로 바라보느냐에 따라 귀중한 자원이 될 수 있기 때문이다. 국내 빅데이터 전문가 송길영[1]은 '사람이 남긴 흔적에서 사람의 마음을 캐는 일'을 하는 사람이라는 뜻에서 '마인드 마이너Mind Miner'라고 스스로를 소개한다. 빅데이터라는 광산에서 사람들의 마음을 캐는 광부라는 것이다. 사람들이 매일하는 SNS의 대화 속에서 시대의 변화를 읽고, 새로운 기회와 신사업을 발굴한다. 이것이 '우리가 빅데이터를 주목해야 하는 이유'라고 말한다.

---

1 《상상하지 말라》의 저자, 다음소프트 부사장

+ 데이터로 코로나바이러스 대유행 예측

2020년 1월 인공지능 스타트업 '블루닷BlueDot'이 미국 언론과 주요 외신들로부터 주목받았다. 캐나다 기업인 블루닷은 세계보건기구WHO나 미국 질병통제예방센터CDC보다 먼저 중국 우한 지역의 코로나 바이러스를 예측하고 경고했다. 창업자이자 의사인 캄란 칸Kamran Khan 박사는 "2003년에 바이러스가 도시를 압도하고 병원을 무력화하는 것을 지켜봤으며 전염병 추적 및 대응을 위해 더 나은 방법이 필요하다고 느꼈다"[2]고 말했다. 블루닷은 의사 및 프로그래머 40여 명으로 구성되어 있다. 의료 전문 지식과 데이터 분석 및 인공지능 기술을 적극 활용하여 전염병을 예측했다. 감염된 사람들의 경로를 파악하기 위해 블루닷은 항공 발권 데이터를 분석했으며, 중국 우한에서 방콕, 서울, 대만, 도쿄로 코로나바이러스가 퍼져나갈 것을 예측했다.

블루닷의 예측을 보며 국내 의료 AI기업의 한 연구원은 "데이터가 기술을 앞서는 시대를 보여주는 사례가 아닌가 하는 생각도 들었고, 대규모 감염병은 결국 조기 경보가 생명인데 미래를 내다보는 수준은 아니더라도 정보를 다각도로 활용하는 아이디어가 앞으로 경쟁적으로 나올 것"[3]이라고 말했다.

---

2 류한석, AI로 전염병 예측하고 원격으로 환자 관리한다, "경제정보센터", 2020년 03월호
   https://eiec.kdi.re.kr/publish/columnView.do?cidx=12444&sel_year=2020&sel_month=03
3 신종 코로나 창궐 예측 '블루닷' 성공 배경은?, 〈의학신문〉 2020.01.30,
   http://www.bosa.co.kr/news/articleView.html?idxno=2120612

+ 빅데이터를 활용하는 3단계 방법

1단계는 빅데이터를 보기 좋게 시각화하는 것이다

수많은 데이터를 의미있는 데이터로 설득하기 위해서는 빅데이터 시각화Visualization 기술이 중요하다. 데이터를 시각화하면 데이터를 분석하면서 고민한 과정을 사람들에게 알기 쉽게 설명할 수 있다. 간단한 예로는 워드 클라우드가 있다. 워드 클라우드(http://wordcloud.kr/) 사이트에 접속하면 누구나 간단히 내가 원하는 시각화 자료를 만들 수 있다.

인포그래픽Infographics은 Information + graphics의 합성어로 데이터가 가지고 있는 정보를 그래픽화해서 보기 쉽게 이미지로 제공한다. 인포그래픽의 경우에는 분석이 끝난 후 분석 결과를 시각적으로 표현한 것이다. 백의의 천사 나이팅게일은 크림전쟁에서 전투로 인해 죽는 사람보다 병원의 열악한 위생 상태로 인해 죽는 사람이 더 많다는 것을 알았다. 병실 위생의 중요성을 설득하기 위해 인포그래픽을 만들었다. 나이팅게일은 중첩 막대그래프와 원그래프를 합한 이중 그래프를 만들었다. 모양 때문에 장미 그래프라고도 한다. 붉은 부분이 전투 사망자, 푸른 부분이 전염병 사망자, 가장 어두운 부분이 기타 원인으로 사망한 사망자이다. 시각적으로 전염병 사망자의 비율이 높다는 것을 알 수 있다.

요즘에는 빅데이터 시각화가 이

AI를 주제로 만든 시각화 자료

나이팅게일의 인포그래픽

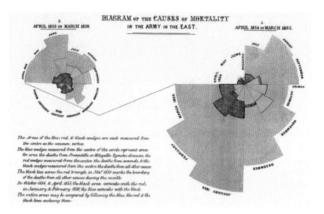

https://content.v.daum.net/v/5979c45d6a8e51000102ddc9

슈가 되면서 프로그래밍 언어인 파이썬Python에서 데이터 시각화 툴을 제공하고 있다. 가장 많이 사용하는 매트플로트립Matplotlib 라이브러리를 이용하여 그래프를 그리고 있다. 앞으로는 모든 사람이 엑셀Exel이 아닌 파이썬을 사용해야 할 시기가 올지도 모른다.

빅데이터 시각화

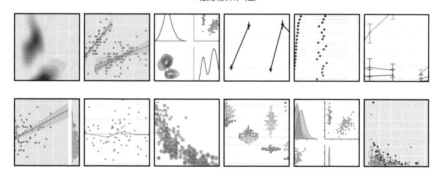

https://michaelwaskom.medium.com/three-common-seaborn-difficulties-10fdd0cc2a8b

2단계는 전문가가 의사결정을 할 수 있도록 도움을 주는 것이다

전문가 시스템은 의학, 금융, 법률과 같은 각 분야의 전문가들이 자신의 노하우가 담긴 데이터를 지식 구조에 맞게 정리한다. 전문가의 정리된 데이터를 기반으로 인공지능을 훈련시킨다. 훈련된 인공지능은 전문가의 의사결정을 돕는 데 다시 활용되고 이런 반복 학습으로 인공지능의 전문성은 더욱 향상된다. 이것이 빅데이터가 전문가 시스템에 기여하는 방식이다.

인공지능AI 의사 '왓슨'은 최신 의학 논문과 의료정보를 전부 학습하였고, 암 진단에 있어서도 인간 의사보다 정확한 진단률을 자랑했다. 가장 먼저 도입한 인천 길병원에서는 암 환자의 발걸음을 한국 5대 병원에서 길병원으로 돌리는데 의사 '왓슨'이 큰 역할을 했다. 그런데, 기대와 달리 한국인의 특성이 제대로 반영되지 않았다. 실제 진료 시 치료법에 있어서도 인간 의사와의 의견 불일치가 많았다. 아무리 잘 만들어진 인공지능도 빅데이터를 통한 학습 없이는 '앙꼬 없는 찐빵'이다. '왓슨'을 보면 인공지능 이전에 빅데이터가 중요한 이유가 보인다.

마지막 3단계는 인공지능이 데이터를 학습하여 결론을 도출하는 것이다

소셜미디어서비스SNS에서 가족들과 주고받는 수많은 메시지를 머신러닝이 학습한다. 그러다가, 평소와 다르게 주고받는 메시지를 통해 치매 징후를 발견하게 된다. 빅데이터와 인공지능을 활용하여 치매를 미리 진단하고 치매 환자의 치료법 개발도 연구한다. 누구나 치매 환자를 간병해야 하는 시대가 곧 온다. 이렇듯 머신러닝은 마치 달리는 증기 기관차에 계속

공공데이터 포털

https://www.data.go.kr/

해서 석탄을 넣듯이 데이터를 에이전트에 입력해서 학습시킨다.[4] 머신러 닝에서 빅데이터는 천연자원이 된다.

　'등잔 밑이 어둡다'라는 속담이 있다. 정말 중요한 정보인데 인간의 눈에는 보이지 않는 데이터를 찾아내는 게 빅데이터의 힘이다. 요즘 공공데이터에 대한 중요성이 부각되고 있으며 정부는 공공데이터 포털서비스[5]를 운영하고 있다. 인구 통계, 산업 구조, 교통 정보, 경제 수치와 같은 데이터를 통합한다. 그로인해 행정 서비스를 강화하고 여러 정책 입안에 활용한다. 인공지능을 최대한 활용하려면 양질의 데이터가 필수이다. 곧 데이터가 자산이다.

　미래 인공지능 사회가 오면 가장 핫Hot한 직업이 바로 데이터 분석가Data

4　김명락(2020.7). 《이것이 인공지능이다》. 슬로미디어. p.47.

5　공공데이터 포털(open data portal)은 행정안전부에서 운영하는 공공데이터 통합 제공 시스템이다. 대한민국 정부가
　　보유한 다양한 공공데이터를 개방하여 누구나 편리하고 손쉽게 활용할 수 있게 하는 것을 목적으로 한다. 행정안전
　　부 공공데이터 정책과에서 관련 정책을 추진하고 있다.(위키백과)

Scientist이다. 인공지능을 '잘 학습시키는 기술'보다 '어떻게 학습시킬 것인가?'가 더 중요하다는 의미이다. 3차 산업혁명 시대에는 잘 배우는 학생이 중요했다면, 4차 산업혁명 시대에는 잘 가르치는 선생님이 중요해진 것이다. 잘 가르치기 위한 재료가 바로 빅데이터이다. 사람들은 인공지능이 중요하다고 생각하면서 데이터의 중요성은 간과한다. 우리가 매일 남기는 수다들이 수많은 데이터가 되고, 시대 흐름이 되고, 새로운 기회가 되고 있다. 진주를 품은 조개를 발견하고자 하는 마음으로 빅데이터를 바라봐야 한다.

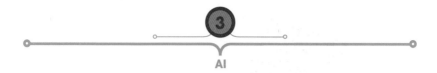

데이터 마이닝,
데이터의 가치를 더해주고
흐름을 연결하며 콘텐츠를 창조한다

과거 데이터는 컴퓨터에서 다루기에 적합한 숫자나 텍스트 위주의 정형화된 데이터였다. 지금의 데이터는 사물인터넷에서 쏟아지는 수많은 신호Signal들과 핸드폰을 통해 클라우드에 업로드되는 비정형 데이터가 대부분이다. 수많은 데이터는 인공지능을 발전시키는 귀중한 재료가 된다. 데이터가 많으면 무조건 좋을까? 인공지능도 적당한 데이터를 원한다. 인공지능 역시 데이터가 너무 많아도 조금 부족해도 제대로 된 의사결정을 할 수없다. 데이터 마이닝은 수많은 데이터들 중에서 옥석을 가려내는 역할을한다.

데이터 마이닝의 'Mining'은 채굴한다는 의미로 가치 있는 데이터만을 채굴하는 작업이다. 빅데이터가 단순히 테라 이상급의 데이터만을 의미하는 것이 아닌 것처럼 데이터 마이닝도 단순한 데이터 채굴 행위만을 뜻하는 것은 아니다. 수많은 데이터 안에서 사람이 발견하기 어려운 규칙이나 패턴

데이터 마이닝

을 찾아내는 기법을 의미한
다. SAP회장 겸 최고경영자
빌 맥더머트Bill McDermott는 "데
이터 자원은 천연자원처럼
지표면 아래에 위치해 있어
접근이 쉽지 않고 눈에 잘
안 띈다" "핵심 데이터를 금
에 비유한다면 금을 캐는
광부처럼 데이터를 캐내는 '데이터 사이언티스트'의 중요성이 커질 것이
다"[6]라고 말했다.

데이터 마이닝 과정은 일반적으로 SEMMA라는 5단계 프로세서를 거
친다. 수많은 데이터에서 샘플 데이터를 추출하는 Sampling(샘플링) 단계
가 첫 번째이다. 두 번째는 데이터의 상관 관계를 분석하는 Explore(탐구)
단계이고, 세 번째는 데이터 마이닝을 위한 최적의 데이터로 Modify(변환)
하는 단계이다. 데이터 마이닝 과정에서 가장 중요한 단계는 문제 해결을
위한 방법과 알고리즘을 적용하는 Modeling(모델링) 단계이다. 마지막 단
계는 모델의 결과를 평가한다. 시각화 도구를 이용하여 의사 결정에 적용
하는 Assessment(평가) 단계이다.

이 중 가장 중요한 단계인 모델링은 연관성 분석, 군집분석, 의사결정
트리와 같은 문제 해결 방법이 있다. 연관성 분석Association Analysis은 맥주와

6 [시론] 문제 해결 능력 없는 우리나라 성인들, 〈중앙일보〉 2017.07.13. 종합 33면.

데이터 마이닝 과정

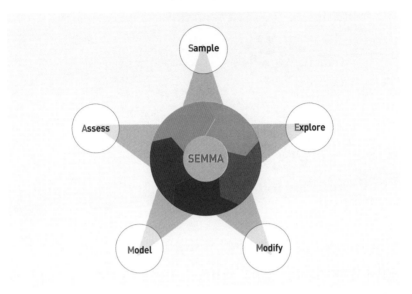

기저귀와의 연관성을 밝혀 낸 분석 방법으로 유명하다. 대형 마트의 소비자 구매 분석을 통해 사람들이 맥주와 기저귀를 함께 사는 것을 발견하였다. 이를 토대로 두 개의 상품을 묶어서 팔거나 매장의 같은 위치에 배치하자 매출이 증가하였다. 군집 분석Clusturing Analysis은 군집 내에 속한 개체들은 집단 내 동질성을 갖고, 서로 다른 군집에 속한 개체들은 집단 간 이질성을 갖는다. 즉, 군집분석은 군집 내 동질성은 최소화하고, 집단 간 이질성은 최대화하는 알고리즘이다.

의사결정 트리Decision Tree는 분류Classification와 회귀Regression가 모두 가능한 방법으로 문제를 해결하기 위한 방법 중 가장 강력하여 널리 쓰이는 방법이다. 의사결정 트리는 스무고개 하듯이 질문을 이어가며 선택의 기로에

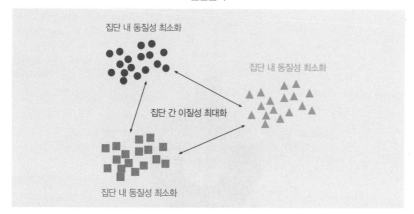
군집분석

집단 내 동질성 최소화

집단 내 동질성 최소화

집단 간 이질성 최대화

집단 내 동질성 최소화

서 두 가지 경로 중 하나를 선택하는 방법이다. 트리 구조를 가지고 있기 때문에 결정 트리라고 부른다. 의사결정 트리를 이용하여 다리가 없고 바다에 사는 동물은 '돌고래'라는 것을 알 수 있다. 이런 식으로 기업의 부도 예측이나 신용평가 결정 등 다방면에 사용되고 있다.

과거 SNS에서 하는 대화와 지금의 대화는 분명 다르다. 40대 성인의 대화와 10대 청소년의 대화가 다르다. 빅데이터는 40대와 10대의 서로 다른 대화의 패턴을 읽어낸다. 이를 통해 지금을 살아가는 사람들의 관심사나 사회 현상의 방향성을 미리 예측하도록 돕는 기술이다. 이런 의미에서 스스로를 '마인드 마이너Mind Miner'라고 소개하는 빅데이터 전문가 송길영은 "우리가 빅데이터에 주목해야 하는 이유는 일어날 일은 일어나기 때문입니다. 내가 하는 모든 일이 데이터가 되는 세상에서는 앞으로 어떤 일이 일어날지 미리 알고 대비해야 합니다. 빅데이터가 주는 힌트를 잘 관찰하면 사람들의 진짜 욕망을 발견할 수 있습니다"[7]라고 이야기 한다.

7 KBS 1TV 〈이슈 픽 쌤과 함께〉, 빅데이터전문가 송길영 '일어날 일은 일어난다', 2020.11.18.

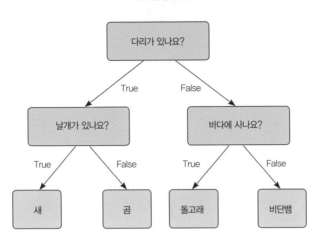

의사결정 트리

데이터 크롤링Data Crawling이 클라우드 상에 있는 데이터를 단순히 수집하는 것이라면 데이터 마이닝Data Mining은 분류Classification, 추정Estimation, 예측Prediction, 연관성 규칙Association Rule, 군집화Clustering 등의 여러 방법을 통해 데이터를 '채굴'하는 것이다. 채굴된 데이터는 미래 사회에 귀중한 자원이 된다. 채굴할 데이터를 알아보는 눈이 필요하다. 이런 능력을 타고난다면야 행운이지만 대부분은 노력을 통해 길러진다. 데이터 분석가가 가져야 할 역량은 데이터를 바라보는 관점이다. 관점의 차이는 창의력에서 나오고 남들과 다른 생각, 다른 관점을 갖기 위한 노력을 가져야만 미래 사회의 경쟁력을 갖게 된다. 결국, 인간이 할 수 있는 능력에 집중해야 하는 이유이다.

AI

초연결, 초융합, 초지능 시대, 모든 데이터는 연결된다

지구에서 6년 거리에 떨어져 있는 판도라 행성에는 원주민 나비족이 살고 있다. 나비족은 판도라 행성의 모든 나무와 전기화학적 작용을 이용하여 뿌리를 통해 서로 소통한다. 마치 인간의 뇌 신경 세포인 뉴런을 시냅스가 이어 주듯이 말이다. 나무 한 그루는 주변에 있는 나무 1만 그루와 연결되어 있고, 판도라 행성에는 1조 그루의 나무가 있다. 인간의 뇌보다 더 많이 연결되어 있어 네트워크와 같다. 나비족의 DNA와 인간의 DNA를 결합하여 아바타를 개발하고 인간의 뇌파로 아바타를 조정한다. 영화 〈아바타〉에는 '하늘 사람'이라 불리는 인간의 정신을 아바타로 이동시키는 장면과 신비한 나무가 모든 나비족의 기도를 뿌리를 통해 흡수하는 장면이 나온다. 마치 미래 초연결 사회의 사물인터넷이 클라우드 컴퓨팅을 통한 빅데이터 전송을 연상하게 된다. 나비족의 기도Pray와 인간의 정신Spirit이 결합하여 죽어가는 아바타를 살리고 새로운 인류 아바타가 진정으로 탄생하게 된다.

모든 것이 클라우드 컴퓨터를 기반으로 연결된 초연결, 초융합, 초지능 세상 '울트라 커넥티드 월드Ultra Connected World'인 초연결 사회가 오고 있다. 인공지능AI, 사물인터넷IoT, 클라우드 컴퓨팅, 빅데이터 등 첨단 기술이 사람, 기계, 시간과 공간을 연결한다. 그리고, 우리의 삶을 혁신적으로 바꾸고 있다. 5세대5G 이동통신과 가상·증강현실VR · AR, 자율주행 자동차 기술의 발달은

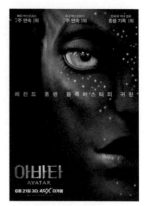

영화 <아바타>

변화에 속도를 더한다. 이 모든 기술 발전의 밑바탕에는 빅데이터가 있다. 모든 것이 연결된 '스마트 시티Smart City'로 구현될 가까운 미래의 모습은 자율주행차를 타고 원격 진료·원격 교육을 받으며 내가 원하는 장소에서 사람들과 소통하며 살아간다.

+ 초연결 시대

4차 산업혁명의 시대를 대표하는 첫 번째 키워드는 초연결 시대이다. 2008년 미국의 IT 컨설팅 회사 가트너The Gartner Group에서 초연결hyper-connected 이라는 말을 처음 사용했다. 초연결 시대는 인간과 인간, 인간과 사물, 사물와 사물이 모두 네트워크로 연결되어 있다. 이미 우리는 이런 초연결 시대를 살아가고 있다. 인터넷을 통해 전세계 컴퓨터가 연결되는 것을 뛰어넘어 모든 사물들이 클라우드를 통해 하나의 네트워크로 연결되는 것을 말한다. 초연결 시대는 사물인터넷IoT을 기반으로 소셜 네트워킹 서비스

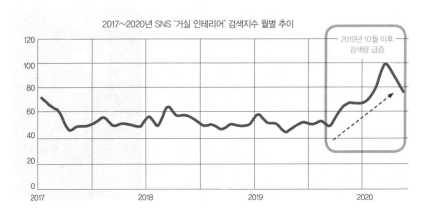

2019년 이후 거실 인테리어 검색량 급증

2017~2020년 SNS '거실 인테리어' 검색지수 월별 추이

2019년 10월 이후
검색량 급증

SNS, 증강현실AR 같은 서비스로 제공된다. 인간과 사물들의 다양한 상호작용을 통해 시공간을 뛰어넘는 서비스가 제공되고 있다.

코로나 펜데믹 시대를 살아가는 우리는 '재택근무'가 일상이 되고 '혼밥'이 어색하지 않다. 집에 머무는 시간이 늘어나면서 일과 주거를 병행할수 있는 '거실 인테리어'에 대한 관점이 바뀌었다. 집과 사무실의 합성어인 '홈피스Homffice'가 새로운 인테리어 컨셉으로 등장한 것이다. 자신이 원하는 일을 하고 창조적인 사고방식을 갖춘 사람들을 디지털 노마드Digital Nomad라고 부른다. 자유롭게 이동하면서 스마트폰과 태블릿 같은 스마트 기기를 활용해 정보를 끊임없이 접하고 생산하며 세상과 소통한다. 디지털 노마드는 시공간을 초월하는 새로운 형태의 삶의 모습으로 인식되고 있다.

✛ 초융합 시대

두 번째 키워드는 초융합 시대이다. 이전에는 상상할 수 없는 방법으로 새로운 산업이나 서비스를 결합하여 융합하는 산업을 말한다. 마차가 교통수단이던 때에 사람들에게 물었다. '어떤 새로운 교통수단을 원하십니까?' 하고 묻자 '더 빠른 말이요'라고 대답했다. 그 후 자동차가 개발되었다. 이렇듯 사람들은 인공지능 시대의 새로운 산업을 상상조차 못한다. 영국의 SF 소설가 겸 과학 대중서 작가인 아서 클라크Arthur Clarke는 말했다. "모든 충분히 선진화된 기술은 마법과 구분하기 어렵다"[8] 새로운 미래는 빅데이터라는 마법으로 만들어 나간다.

스마트 시티 구현은 클라우드 컴퓨팅을 통한 만물인터넷 IoEInternet of Everything으로 가능하다. 클라우드 컴퓨팅은 빠른 연산과 처리 능력이 있는 방대한 데이터 센터와 광범위한 전력망을 사용하는 서비스가 필요하다. 도로 및 골목 곳곳에 설치된 CCTV를 통해 수집된 방대한 빅데이터를 기반으로 도시의 교통량 문제, 치안 문제를 해결한다. 효율적인 신호등 관리를 통해 소방차의 화재 현장 도착 시간 및 구급차의 현장 도착 시간을 단축시킨다. 도시 곳곳에서 수집한 빅데이터는 클라우드 컴퓨팅으로 전송되어 도시 관리 및 사회 문제 해결, 산업 관리를 효율적으로 하는 데 기여하게 된다.

불로장생不老長生의 꿈은 인간의 본능이다. 미래는 노령화 시대이면서 홀로 사는 '1인 가구' 시대가 될 것이다. 이것은 노인이 되었을 때 곁에서 돌봐줄 사람이 없다는 뜻이다. 사람과의 직접적인 만남은 불편하지만 온라인 소셜 네트워킹 서비스는 열심히 한다. 서비스 형태도 온라인을 통해 건

---

8 나는 미래다 방송제작팀(2020.4), 《인공지능의 현재와 미래》, 보아스, p.89.

강을 관리하고 의료 서비스를 제공 받아야 마음이 편하다. 스마트 헬스케어는 이를 구현하도록 도와준다. 현대인이 건강한 삶을 누릴 수 있도록, 피 한 방울만 있으면 DNA 염기서열을 해석하여 몸의 이상징후를 미리 찾아낸다. 병원에 가지 않고도 개인별 맞춤형 솔루션을 원격으로 제공하기에 진료 비용도 낮출 수 있다. 서비스를 제공 받는 사람들의 데이터를 수집하여 빅데이터를 구축하고 인공지능 알고리즘의 학습으로 정확도는 점점 더 올라간다.

+ 초지능 시대

세 번째 키워드는 초지능 시대이다. 인간만이 가능하다고 여겨졌던 학습능력, 추론능력, 자기주도 학습능력까지 인공지능으로 구현되고 있다. 산업계에서는 작업자의 안전을 보장하기 위하여 혼합현실 서비스를 이용한다. 혼합현실 기술과 프로젝트 협업으로 공정, 설비, 작업자, 사물의 지능 수준이 높아지고 있다. 황규순 위드코어 주식회사 전략기획본부 이사는 "자동차 설비와 공정에서 발생하는 진동 데이터를 수집하면 부품의 고장을 사전에 인지하고 예방할 수 있고, 열화상 데이터는 생산, 품질 관리는 물론 가스 누설과 화재 예방 등 산업 안전을 확보할 수 있다"고 강조했다. 이 경우를 디바이스의 지능화, 사물 지능이라 부른다. 5G 통신기술과 사물 지능이 제조업의 스마트화에도 많은 혁신을 가져올 것이다.

'증강현실' 하면 떠오르는 대표적인 프로그램은 닌텐도 스위치의 포켓몬스터 게임이다. 증강현실은 이케아의 광고나 게임을 통해서 사람들에게 알려졌다. 증강현실 기술은 현실을 기반으로 해서 확장된 이미지를 투사하는 것이다. 자율주행 자동차의 유리창에 투사하는 계기판이나 네비게이션 서비스가 여기에 해당된다. 마이크로소프트사에서 개발한 '홀로렌즈2'는 혼합현실Mixed Reality 디바이스 장치이다. 혼합현실은 가상현실의 몰입감과 증강현실의 현실감을 결합하여 현실 공간에 가상 정보를 더해 상호작용이 가능하도록 한 기술이다. 홀로렌즈2는 인공지능이 내장된 '지능형 엣지 디바이스'로, 클라우드 애저Azure를 통해 홀로그램으로 구현된 작업을 팀원들과 공유할 수 있다. 이를 기반으로 대규모 프로젝트나 원거리 협업이 필요한 상황에서 사람들이 같은 정보를 함께 볼 수 있는 환경을 구축해 준다.[9]

가정에서 1년 내내 켜져 있어야 하는 가전은 바로 냉장고이다. 냉장고는 이제 단순히 음식을 저장하고 유지하는 기능을 넘어선다. 음식물의 보관 기간, 음식물 상태 등을 점검하며, 기존의 음식 저장관리를 좀 더 효율적으로 해 준다. 떨어진 재료는 주인의 스마트폰과 연동되어 알림 메시지

MicroSoft의 홀로렌즈2

MicroSoft, https://www.aitimes.kr/news/articleView.html?idxno=18225

---

9 마이크로소프트, 홀로렌즈2 국내 출시...AI내장된 기업용 디바이스로, 〈인공지능신문〉 2020.11.02.
https://www.aitimes.kr/news/articleView.html?idxno=18225

를 보내주고 스스로 알아서 주문도 해 준다. 냉장고 안에 식재료를 바탕으로 레시피를 추천해 주어 저녁 식사 메뉴에 대한 고민을 해소해 준다. 즐겨서 주문하는 식재료가 무엇인지, 어떤 요리를 좋아하는지, 저장 온도는 몇 도를 선호하는지 등 냉장고를 사용하는 사람의 기호를 학습하고 이에 맞게 작동한다. 항상 켜져 있기에 다른 가전제품과 통신하며 중앙제어 역할도 담당할 수 있다. 음성인식 기능까지 갖춘다면 이 모든 서비스가 대화로 가능한 사물 지능이 되는 것이다.

미래는 사람과 사람, 사물과 사물, 사람과 사물이 연결되는 초연결 시대, 초융합 시대, 초지능 시대이다. 이 모든 것이 연결되고 실현 가능하게 하는 것이 빅데이터이다. 사물인터넷을 기반으로 수집된 빅데이터는 5세

LG CNS의 IoT 플랫폼 INFioT

LG 블로그 https://m.post.naver.com/viewer/postView.nhn?volumeNo=16425983&memberNo=39046504

대 통신 서비스를 통해 서로 데이터를 주고받으며 연결되고 융합되며 지능을 가진다. LG CNS의 IoT 플랫폼 인피오티INFioT를 통해 미래 일상과 산업의 모습을 보면 미래 사회가 이미 우리 곁에 와 있는 것을 실감할 수 있다. 인피오티를 통해 스마트 시티, 스마트 모빌리티, 스마트 팩토리, 홈 IoT 서비스까지 모두 다 가능한 세상이 왔다. 우리는 인공지능을 전기 스위치를 켜고 끄는 것처럼 손쉽게 이용할 수 있게 된다.

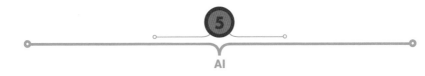

빅 브라더,
데이러는 나의 모든 것을 알고 있다

영국 소설가 조지 오웰의 『1984』는 가공의 국가 오세아니아가 국민에 대한 독재와 통제를 그린 소설이다. 최고 권력자라 칭하는 '빅 브라더'가 곳곳에 CCTV를 설치하여 감시하는 모습을 그려내며, 그로 인한 개인의 사생활 침해 문제를 지적했다. 오웰은 이 소설을 썼던 1948년에 끝자리 두 숫자를 미래의 1984년으로 바꾸었다. 현재 코로나19 전염병으로 인해 2020년부터 '빅 브라더'가 실현되고 있다. 어느 곳을 가든지 QR코드를 찍어야 입장이 가능하다. 질병관리본부에서 코로나 전염병의 확산을 방지하고 감염자의 경로를 추적해 감염 경로의 이동을 원천 봉쇄하기 위해서다. 하지만 코로나 초기 단계에 감염자의 과도한 정보 노출로 인해 사생활 침해가 큰 이슈가 되었다. 코로나 감염자가 방문한 사업장의 정보 공개로, 고객이 오지 않아 자영업자의 영업에도 막대한 손실을 초래하였다.

인공지능 컴퓨터가 개인의 정보 통제로 일으키게 될 미래 사회의 문제점은 영화 〈이글 아이eagle eye〉에서 엿 볼 수 있다. 국가의 안보를 책임지고 사회망을 효율적으로 관리하기 위해 개발한 인공지능 컴퓨터 '아리아'는 본인의 지시를 따르지 않은 대통령을 국가 안보에 위험한 인물이라 판단한다. 그리하여 현 정부의 대통령과 관료들을 살해하고 정권 교체를

〈이글 아이〉 영화 포스터

위한 작전 '길로틴'을 진행한다. '아리아'는 길로틴 작전 수행 중 필요한 두 인물의 탈출을 돕기 위해 도시의 신호등을 마음대로 변경하고 휴대폰에 전화를 걸어 명령을 내린다. CCTV로 주변 인물을 감시하고, 거리의 LED 사인 보드를 통해 감시하고 있다는 것을 확실하게 보여주어 '아리아'의 지시에서 벗어나지 못하게 한다.

인공지능 아리아는 두 주인공에게 "물품 구매, 취향과 같은 정보 수집을 통해 너의 캐릭터를 분석하고, 온라인 커뮤니티, 블로그, 문자, 통화, 전자 우편과 직장 동료, 친구, 이성 관계를 파악하고, CCTV, 교통 카메라 등을 분석하여 개인 파일을 만든다. 이렇게 수집된 정보를 분석해 용의자의 향후 움직임과 행동 방식, 범행 동기는 물론 성격까지 예측할 수 있다"[10]라고 말한다. '아리아'는 개인의 모든 정보를 파악하여 프로파일링한 정보로 주인공을 조정한 것이다.

'빅 브라더'를 다룬 영화가 또 있다. 톰 크루즈가 주인공인 〈마이너리티 리

---

10 김영진(2021.1), 《십대를 위한 영화 속 빅데이터 인문학》, 팜파스, p.65.

마이너리티 리포트

포트_{Minority Report}〉이다. 〈마이너리티 리포트〉
는 미리 일어날 범죄를 예측하여 그 사건이
일어나는 것을 사전에 방지하는 시스템에
대한 이야기이다. 시스템의 이름은 '프리크
라임 시스템'인데 이 시스템에는 결함이 있
다. 프리크라임 시스템이 데이터를 기반으
로 범죄를 분석하여 예측하는 것이 아니라
예언자의 뇌파를 읽어서 예언을 토대로 범
죄를 예측하는 것이다.

이 시스템을 통솔하는 앤더슨 팀장이 살인을 저지를 것이라고 예측되
면서 '빅 브라더'는 시작된다. 앤더슨은 자신의 일거수 일투족이 모두 감시
당하고 통제당하는 것을 안다. 자신의 신원을 확인하는 홍체 정보를 변경
하기 위해 안구를 교체하여 신분을 숨긴다. 또 어디를 가든지 범죄 예방국
이 자신의 위치를 추적하므로 무죄가 증명될 때까지 도망 다녀야만 한다.
개인의 행동을 감시하여 범죄를 사전에 방지한다는 이면에는 개인의 모든
정보를 낱낱이 통제할 수 있다는 부정적 측면도 갖고 있다. '빅 브라더' 사
회는 시스템을 어떻게 이용하느냐에 따라 개인의 자유와 의지를 철저히
통제할 수 있다는 점을 보여준다. 2002년 개봉한 이 영화는 2054년이라
는 미래를 배경으로 하고 있다. 2021년 살아가는 지금 영화 〈마이너리티
리포트〉가 가까운 미래에 현실이 될 수 있다는 생각이 든다.

'나'에 대해 구글은 얼마나 알고 있을까? 구글에서 [계정]-[계정 관

리]-[데이터 및 맞춤설정 관리]로 들어간 다음 [광고 개인 최적화]를 클릭하면 나이대, 성별, 사용언어, 가계 수입, 결혼 여부, 취미, 관심사, 자동차 소유 유무, 학부모 유무 등이 나온다. '나'에 대한 데이터가 빅데이터를 기반으로 분석되어 나온 것이다. 구글의 인공지능 맞춤 광고 서비스를 통해 '내'가 한 모든 기록이 로그Log로 남는다. 구글 검색, 광고 클릭, 유튜브 시청, 위치 추적 등이 '나'의 모든 데이터로 저장된다. 우리가 매일같이 스마트폰을 몸에 지니고 다니기 때문에 가능한 일이다. 인공지능 알고리즘이 모든 사람들의 행동 패턴을 분석하고 비슷한 범주의 분류가 나오면 이를 토대로 '나'의 행동을 분석하여 맞춤형 광고를 제공한다.

우리는 스마트폰 알람으로 아침에 일어난다. 그리고, 카톡이나 여러 앱에서 전달하는 알람을 확인한다. 나의 건강에 문제가 없다는 '건강상태 자가진단'을 체크하고 출근이나 등교 준비를 한다. 부모는 학교에서 온 'e알

구글 광고 개인 최적화

👤 자녀 유무: 부모	🚗 자동차
🚗 자동차 쇼핑	🎵 재즈
🎮 전략 게임	📡 전화 서비스 제공업체
🎰 정치	🏃 조깅, 경보
🏠 주택소유 여부: 주택소유자	🐘 초중고교 (K-12)
⚽ 축구	👥 친환경 생활 및 환경 문제
🍜 커피	🍜 커피 및 차
🖱 컴퓨터 및 비디오 게임	💻 컴퓨터 및 전자제품
🎬 코미디 영화	🎵 클래식 음악
📈 투자	🎵 팝음악

구글 계정

이 책을 구입하신 분들이 함께 산 책	이 책을 구입하신 분들이 많이 산 책

이것이 취업을 위한 코딩
테스트다 with 파이썬
나동빈 저 | 한빛미디어
★★★★★ 11건
30,600원 (10% 할인)

파이썬 머신러닝 완벽 가
이드
권철민 저 | 위키북스
★★★★★ 4건
34,200원 (10% 할인)

밑바닥부터 시작하는 딥러
닝 3
사이토 고키 저/개앞맵시...
★★★★★ 19건
34,200원 (10% 할인)

모두의 인공지능 기초 수
학
서지영 저 | 길벗
★★★★★ 5건
22,500원 (10% 할인)

Do it! 자료구조와 함께 배
우는 알고리즘 입문 : 파이
시바타 보요 저/강민 역 ...
★★★★★ 8건
19,800원 (10% 할인)

밑바닥부터 시작하는 딥러
닝 2
사이토 고키 저/개앞맵시...
★★★★★ 12건
26,100원 (10% 할인)

yes24

리미' 서비스를 통해 자녀들의 등교 준비를 점검한다. 내비게이션이 알려주는 길을 따라 출장지로 이동하고 틈틈이 카톡, SNS, 블로그 등을 클릭하여 온라인의 소식을 접한다. 음식점이나 카페에 방문하거나 공공장소를 방문할 때마다 QR코드를 찍어 다녀간 곳의 정보를 남긴다. 구매할 물건은 온라인 쇼핑으로 대신하고, 노트북으로 필요한 학습이나 업무를 처리한다. 우리는 하루종일 생활을 하면서 '나'에 대한 정보를 수없이 생산하고 클라우드로 전송하고 있는 셈이다.

이렇게 생산한 '나'에 대한 정보는 빅데이터가 되어 '나'를 잘 아는 서비스로 '나'에게로 되돌아온다. 온라인 서점에서는 '이 책을 구입하신 분들이 함께 산 책'으로 추천 상품을 보여주는 서비스를 하고 있다. '나'와 비슷한 성향을 가진 사용자의 데이터를 기반으로 구입한 상품을 추천하는 방식이다. 이전에 내가 구입했던 분야의 도서를 기반으로 그 상품과 유사한 도서를 추천하는 방식도 제공한다. 이런 방식을 '개인별 맞춤형 마케팅'이라 한다. 나의 필요를 채워주는 긍정적인 이면에는 사생활 침해와 개인정보 노출이라는 문제점도 함께 가진다. 따라서 개인정보 데이터를 저장하고 활용하는 기관에서의 데이터 제공에 신중함이 요구된다.

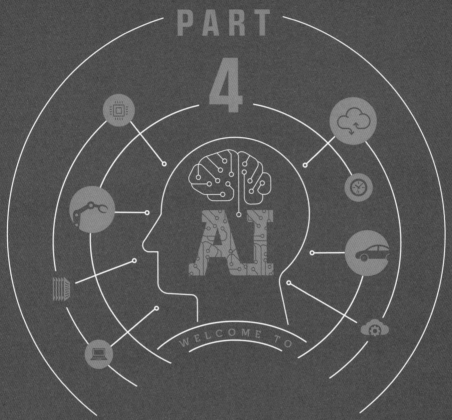

PART

4

AI

WELCOME TO

인공지능은
어떻게 학습하는가?

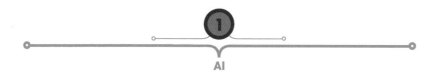

AI

인공지능에는 약한 인공지능과 강한 인공지능이 있다

1980년 존 설John R. Searle 교수가 제안한 '중국어 방 논증'에서 약한 인공지능과 강한 인공지능의 개념을 최초로 사용했다. "인간의 마음과 두뇌와의 관계가 컴퓨터 소프트웨어와 하드웨어와의 관계와 같다"는 표현은 맞지 않다는 것이다. 중국어를 아는 것처럼 보이는 것과 진짜 아는 것은 다르다는 것이다. 지능이 있는 것처럼 보인다고 해서 진짜 지능은 아니라는 지적이다. 강한 인공지능은 인간을 완벽하게 모방한 지능이고, 약한 인공지능은 인간의 삶에 편리한 유용한 도구로 만들어진 인공지능이다. 지금까지 인간이 만들어낸 인공지능은 모두 약한 인공지능이라고 볼 수 있다. 앞으로 인간을 뛰어넘는 강한 인공지능이 나오면 미래에 인간을 지배하는 모습을 그린 SF영화들이 현실이 될지도 모른다.

약한 인공지능Weak Artificial Intelligence은 기계가 지능을 가지고 있기는 하지만 인간의 지능과는 다르다. 오직 한가지 영역에서 인간보다 뛰어난 지능이기 때문이다. 인간의 지능과는 거리가 먼 특화된 영역에서 성능이 뛰어난 기계 지능인 것이다. 막연히 인간의 지능을 그대로 복제하기보다는 현실적이고 실용적인 문제를 해결하기 위한 방향으로 개발된 인공지능이라고 할 수 있다. 결코 진정한 의미의 지능을 가졌다고 보기는 어렵다. 약한 인공지능은 빠른 계산 속도와 정확한 기억 능력 및 잠들지 않는다는 점에서 인간을 뛰어넘는다. 하지만 모라벡의 역설처럼 어린아이도 쉽게 구별하는 사물 인식, 음성 인식, 문자 인식 등은 인공지능에게 무척 어려운 일이다. 현재까지 인간이 만들어낸 인공지능은 모두 약한 인공지능이다.

약한 인공지능은 의료, 법률, 산업 전반에서 골고루 활약하고 있다. IBM 인공지능 '닥터 왓슨'은 암 연구 센터에서 일한다. 앤더슨 암센터의 '닥터 왓슨'은 환자의 암 진단과 치료 방법을 제시하고 인간 의사가 최종 결정하도록 돕는다. 법률에서는 인간의 상식과 판단이 필요한 복잡한 판결은 약한 인공지능이 하지 못한다. 대신 부동산 거래, 등기 이전, 연말 정산, 이혼 후 재산 분할과 같은 반복적이고 정형화된 법률 서비스는 제공할 수 있다. 스포츠는 인간 심판의 눈으로는 미처 발견할 수 없는 비디오 판독을 로봇 심판이 대신할 수 있다. 이러한 인공지능을 다른 말로 좁은 인

알파고 제로

공지능 ANIArtificial Narrow Intelligence라 부른다.

실리콘 밸리의 대표적인 기업 페이스북은 딥페이크Deep Fake라는 기술을
개발하여 전 세계 페이스북 이용자의 얼굴을 인식한다. 이때 인식 정확도
는 인간의 눈과 비슷한 97%가 넘는다. 구글 딥마인드가 개발한 알파고 제
로AlphaGo Zero는 알파고와는 달리 바둑 기보를 학습하지 않았다. 알파고와
바둑을 두면서 스스로 바둑을 학습하여 승리한 것이다. 이 인공지능의 발
전을 보면 곧 인간을 능가하는 지능이 올 것 같은 예감이 들지만 아직은 아
니다. 딥페이크나 닥터 왓슨, 알파고 제로 모두 한 가지만 잘하는 약한 인
공지능이다.

강한 인공지능Strong Artificial Intelligence에서 '강하다'의 의미는 인간의 뇌와 닮
았다는 의미이다. 인간의 뇌에서 일어나는 모든 생각, 감정, 예측 등이 가
능하며 인간처럼 무엇이든지 할 수 있는 인공지능을 말한다. 마치 아이가
태어나면 처음에는 아무것도 할 수 없지만, 시간이 지나면서 사람과 사물
을 인지하고 말을 배우며 몸을 움직이는 것처럼 성장하는 인공지능을 말
한다. 자전거를 타고 수영을 하며 그림도 그리고 피아노도 친다. 인간과
비슷한 감정과 의식을 가져 타인의 마음을 읽을 수 있고 타인을 배려하고
경청한다. 자아 성찰 지능도 갖게 되면 스스로의 존재를 인식하고 감정을
표현하는 인공지능을 말한다. 이러한 인공지능을 다른 말로 범용 인공지
능 AGIArtificial General Intelligence이라 부른다.

핸슨 로보틱스가 개발한 인간형 휴머노이드 로봇, '소피아(Sophia)'[1]

　현재 강한 인공지능이라고 불릴만한 수준의 인공지능은 개발하지 못했으며 개념조차도 확립되지 않았다. 강한 인공지능의 모델이 인간의 뇌인데 아직 인간의 뇌에 대한 연구가 완전하지 못하기 때문이다. 휴머노이드 로봇 소피아처럼 인공지능이라고 주장하는 로봇이 등장하기는 하지만 인간처럼 말과 행동을 할 수 있을 뿐 인간처럼 지능을 가졌다고 보기는 어렵다. 일본 미래학자 미치오 카쿠는 《마음의 미래》에서 "자의식을 발휘하려면 다양한 사건을 예측할 수 있어야 하며, 고도의 상식을 갖춰야 한다. 인공지능은 고도로 자동화된 프로그램이긴 하지만 진짜 지능을 갖고 있지 못하다"고 해석했다.[2]

　로봇공학자 모리 마사히로에 따르면, 로봇과 사람의 모습이 비슷해질수록 로봇에 대한 인간의 호감도는 증가한다. 하지만 인간과 매우 유사해지면 인간이 아니기에 심한 거부감으로 바뀌게 된다는 로봇 공학 이론이

1　AI 사회의 법적 이슈, 무엇을 준비해야 하는가? -'전자인간'의 출현과 관련하여, 《정책기획위원회》, 2020.03 http://pcpp.go.kr/images/webzine/202003/s12.html#ds-sup-2
2　전승민(2018.5), 《십 대가 알아야 할 인공지능과 4차 산업혁명의 미래》, 팜파스, p.67

좁은 인공지능과 범용 인공지능

유형	설명	예시
좁은(약한) 인공지능 Artificial Narrow Intelligence	특화된 범위에서만 뛰어난 성능 보장	구글 알파고 IMB 왓슨
범용(강한) 인공지능 Artificial General Intelligence	인간의 뇌와 같은 사고가 가능	SF영화에만 등장

다. 이렇게 거부감으로 바뀐 로봇의 모습과 행동을 보고 불쾌한 골짜기 uncanny valley라고 부른다. 인간과 매우 유사한 로봇은 인간과 닮지 않은 모습들이 나타나 오히려 '이상하다'라고 느끼게 된다. 이 로봇들은 더 이상 인간과 유사하게 행동한다고 판단하지 않고 정상적인 인간의 모습을 한 물체가 이상한 행동을 한다고 인식되기 때문이다.

인간 뇌의 전기적인 신호를 컴퓨터로 구현한 것이 정보처리 이론이지

불쾌한 골짜기

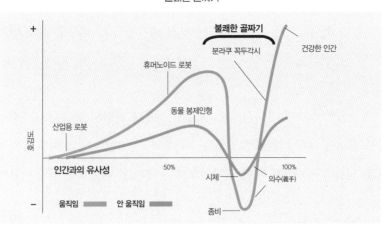

http://m.dongascience.donga.com/news.php?idx=19642

만, 인간의 생각이 어떻게 일어나는지에 대해서는 답을 구하지 못하고 있다. 약한 인공지능의 경우에는 인간의 감성과 마음은 구현하지 못하고 인간의 지知를 뛰어넘는 지능만을 해결한 것이라 볼 수 있다. 반면, 강한 인공지능은 최종적으로 인간의 지智를 구현해 낸 것이다. 지식이 풍부한 뇌가 아닌 지혜를 가진 뇌를 말한다. 창조주가 만물의 영장으로 이 세상을 다스리도록 만든 인간의 뇌를 인간이 구현하기에는 아직 어려운 게 현실이다. 그러니 인공지능 시대를 두려워할 것이 아니라 인간보다 뛰어난 측면이 있는 인공지능과 함께 잘 살아가야 하는 방법을 깨달아야 한다.

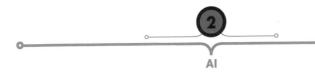

인공지능이 잘 하는 일은
규칙을 통한 분류, 분석, 예측이다

이제부터 본격적인 머신러닝 이야기를 해보자. 기계를 학습시키는 머신러닝Machine Learning 알고리즘에는 크게 분류, 분석, 예측 알고리즘이 있다. 각각의 알고리즘은 어느 한 분야에서 사용되는 것이 아니라 활용되는 분야에 따라 범주를 넘나들고 있다. 분류란 많은 데이터들 사이에서 유사한 특징을 가진 것끼리 묶기 위해 선을 긋는 것이다. 분석의 대표적인 방법은 회귀분석인데 종속변수와 다른 독립변수들 간의 관계를 방정식으로 표현한 것이다. 예측 알고리즘은 클러스터링을 사용한다. 클러스터링이란 서로 유사한 특성들끼리 그룹으로 묶는 기법으로 새로운 데이터가 들어왔을 때 어느 그룹에 속할 것인지를 정하는 것이라 할 수 있다.

인공지능의 개념은 세월이 지남에 따라 개념이 발전하여 지금의 딥러닝이 되었다. 인공지능과 머신러닝, 딥러닝은 의미와 범위가 다르고 그 핵심이 다르다. 인공지능은 가장 광의의 개념으로 인간과 같은 판단과 지능

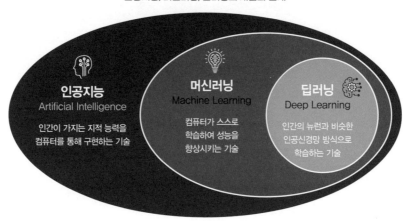

인공지능, 머신러닝, 딥러닝의 개념과 관계

인공지능
Artificial Intelligence
인간이 가지는 지적 능력을
컴퓨터를 통해 구현하는 기술

머신러닝
Machine Learning
컴퓨터가 스스로
학습하여 성능을
향상시키는 기술

딥러닝
Deep Learning
인간의 뉴런과 비슷한
인공신경망 방식으로
학습하는 기술

활동을 하는 컴퓨터를 말한다. 머신러닝은 '기계를 학습시키는 알고리즘'
이라는 의미에서 머신러닝이라 부른다. 더 나아가 딥러닝Deep Learning은 인
간의 신경망을 모방하여 기계를 학습시킨다는 의미에서 협의의 인공지능
이라고 할 수 있다.

분류란 많은 데이터들 사이에서 유사한 특징을 가진 것끼리 묶는 것을
말한다. 고양이나 강아지의 분류처럼 2개의 그룹으로 나뉘어질 수도 있
고, 필기체 알파벳 인식처럼 여러 개의 문자 중에 하나로 분류될 수도 있
다. 분류만 잘해도 일상생활의 다양한 문제들을 많이 해결할 수 있다. 특
히 영상 분야에서 많이 사용되며 사진을 통한 성별 구별, 나이 분류, 마스
크 착용 유무뿐 아니라 의료 영상 데이터에서 종양의 판단 여부도 모두 다
분류에 해당된다. 둘 중 하나로 분류하기 위해 직선을 긋는 방법이 사용되
다 보니 합격 여부, 스팸 메일 여부, 신용 대출 여부 등 수많은 실용 분야
에서 활용되고 있다.

분류의 대표적인 방법 몇 가지를 소개하고자 한다.

+ 나이브 베이즈 분류기

나이브 베이즈 분류기Naive Bayes Classification를 이해하려면 조건부 확률을 계산하는 베이즈의 정리Bayes' theorem를 알아야 한다.

$$P(A|B) = \frac{P(B|A)P(A)}{P(B)}$$

P(A): A가 일어날 확률
P(B): B가 일어날 확률
P(B|A): A가 일어나고 나서 B가 일어날 확률

나이브 베이즈 분류기를 통해서 스팸 메일을 분류하자면 메일 본문이 주어졌을 때, 정상적인 메일과 스팸 메일을 구분하기 위한 확률 공식은 다음과 같다.

P(정상 메일 | 메일 본문) = 메일 본문이 있을 때 정상 메일 확률

P(스팸 메일 | 메일 본문) = 메일 본문이 있을 때 스팸 메일 확률

이를 베이즈의 정리에 따라 표현하면 아래와 같다.

P(정상 메일 | 메일 본문) = (P(메일 본문 | 정상 메일) × P(정상 메일)) / P(메일 본문)

P(스팸 메일 | 메일 본문) = (P(메일 본문 | 스팸 메일) × P(스팸 메일)) / P(메일 본문)

두 확률 모두 P(메일 본문)가 분모이기 때문에 분모를 양쪽에서 제거하여 식을 간소화하면 다음과 같다.

> P(정상 메일 | 메일 본문) = P(메일 본문 | 정상 메일) × P(정상 메일)
> P(스팸 메일 | 메일 본문) = P(메일 본문 | 스팸 메일) × P(스팸 메일)

이 방법은 간단하면서도 대량의 데이터 세트에 적용하기 쉽고 복잡한 실제 상황에서 잘 분류된다. 따라서 주가의 상승이나 하락이 예상되는 종목을 분류하는 데도 사용할 수 있다.

+ 의사결정 트리

의사결정 트리Decision Tree는 분류에서 가장 많이 쓰이는 방법 중 하나이다. 우리가 어렸을 때 하고 놀았던 스무고개 놀이나 Up-Down 놀이가 이 방

의사결정 트리로 본 신용평가

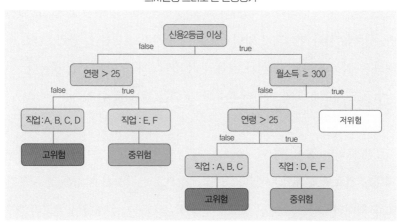

https://dreamlog.tistory.com/576

법에 해당한다고 할 수 있다. 의사결정 트리는 보통 2진 트리Binary Tree 방법을 많이 사용한다. 2진 트리란 하나의 조건에 대해 2가지의 선택지가 주어지는 분류 방식이라고 할 수 있다. 의사결정 트리를 이용하면 고객의 월수입, 나이, 직업을 분류로 평가하여 대출 여부를 결정할 수 있다. 가장 큰 장점은 모형이 나무 구조로 되어있어 명쾌하기 때문에 이해하기 쉽다. 대신, 경계의 데이터가 반대쪽 선택을 하게 되면 예측 오류가 크다는 단점도 존재한다.

+ 서포트 벡터 머신 SVM

서포트 벡터 머신SVM, Support Vector machine은 주어진 데이터를 2개의 영역으로 분류하는 이신 분류기이다. 마찬가지로 기존 데이터를 바탕으로 새로운 데이터가 어느 영역에 속할지 분류하는 알고리즘이다. 서포터 벡터 머신을 이용하여 사과와 배를 분류해보자. 우선, 사과와 배를 분류하는 직선을 하나 긋는다. '마진 최소화'는 직선과 사과, 직선과 배와의 거리가 최소가 되는 선을 찾는 방법이다. 그림에서 보이는 것처럼 분류는 잘 될 수 있지만, 새로운 사과 데이터가 입력되었을 때 오차가 발생한다. 반면, '마진 최대화'는 직선과 사과, 직선과 배와의 거리가 최대가 되는 선을 찾는다. 이 방법으로 새로운 사과 데이터 분류가 잘 되는 것을 볼 수 있다.

2진 트리와 같이 '네/아니오'로는 결정하기 어려운 데이터의 경우에도 제대로 자료를 분류할 수 있다. 또한 선형으로 분류하기 어려운 경우도 거리를 최대화하면서 주어진 자료를 분리하는 평면이 존재하는 알고리즘이

서포트 벡터 머신 '직선 분류'

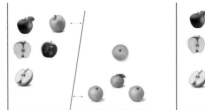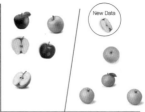

마진 최소화: 사과 데이터 분류 시 오차 발생

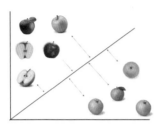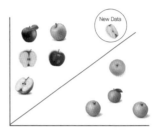

마진 최대화: 사과 데이터 분류 성공

서포트 벡터 머신 '평면 분류'

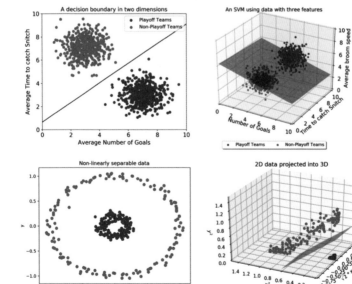

1차 평면   2차 초평면

http://hleecaster.com/ml-svm-concept/

다. 지금까지와는 다르게 선이 아닌 평면으로 데이터를 분류한다는 점이다. 이를 '초 평면'이라 한다. SVM은 얼굴 인식, 이미지 분류, 단백질 염기서열, 생물 정보학을 포함하여 2010년 신경망 이론이 나오기 전까지 머신 러닝의 성능을 입증했다.

+ 최근접 이웃 분류 K-NN

최근접 이웃 분류K-NN, K-Nearnest Neighbor Classification에 대해 알기 전에 분류와 군집화의 차이를 알아야 한다. 분류는 말 그대로 라벨이 있는 데이터를 지도학습기계에게 데이터와 정답을 함께 학습시키는 방법을 통해 분류하는 것을 이야기한다. 군집화는 라벨이 없는 데이터를 클러스터링하는 방법이다. K-NN 알고리즘은 라벨이 있는 데이터의 분류 사이에서 라벨이 없는 데이터를 어느쪽으로 분류할 것인지를 찾는 분류 방법이다. K-NN 알고리즘은 데이터로부터 가까운 거리의 다른 홀수 개의 데이터를 참조하여 분류하는 알고리즘 방법이다. 거리를 측정할 때는 유클리디안 계산법을 사용한다.

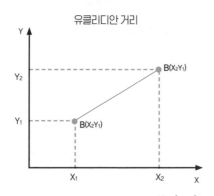

두 점 A와 B 사이의 유클리디안 거리 $= \sqrt{(x_2-x_1)^2+(y_2-y_1)^2}$

K-NN은 간단한 알고리즘이지만 이미지 처리, 영상에서 글자 인식 및 얼굴 인식, 영화나 음악 상품의 추천 서비스를 포함한 개인 선호도 예측 및 의료, 유전자 데이터의 패턴 인식 분야 등에서 널리 응용되고 있다. K-NN은 단순하고 효율적이면서 수치 기반 데이터 분석에서 성능이 우수하다는 장점이 있다. 예로 인접한 K개의 데이터 라벨을 보고 새로운 데이터 A를 판단한다면 A는 사과를 선호하는 것으로 분류된다. K개는 동점을 방지하기 위해 반드시 홀수개로 설정되어야 하며 적절한 수의 K개의 데이터 선택이 중요한 알고리즘이다.

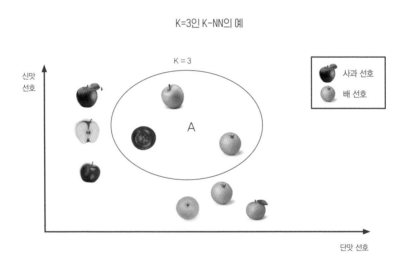

K=3인 K-NN의 예

+ 회귀분석

분석의 대표적인 방법으로는 통계의 회귀분석Regresssion Analysis이 많이 사용된다. 회귀의 원래 의미는 옛날 상태로 돌아가는 것을 의미한다. 영국의

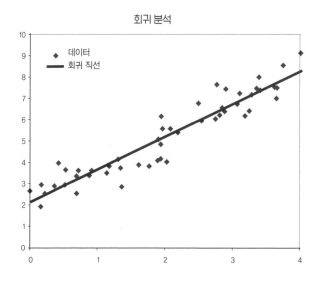

회귀 분석

유전학자 프랜시스 골턴은 부모의 키와 아이들의 키 사이의 상관 관계를 연구하면서 부모와 자녀의 키 사이에는 선형적인 관계가 있고 키가 커지거나 작아지는 것보다는 전체 키 평균으로 돌아가려는 경향이 있다는 가설을

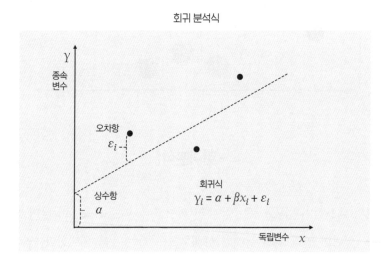

회귀 분석식

세웠으며 이를 분석하는 방법을 '회귀분석'이라 하였다.^{위키백과} 이는 하나의 종속변수와 다른 독립변수 사이에는 일정한 규칙이 존재한다는 것이다.

회귀 분석은 회귀 직선을 찾는 방법이다. 회귀 직선은 데이터에서 직선까지 y축 방향의 거리를 제곱한 후 이를 모두 더한다. 이 총합이 최소가 되는 선이 회귀 직선이다. 따라서 이 선은 $y = a + \beta x$가 된다. 결국, 회귀 분석은 학습 데이터를 사용하여 출력값을 예측하므로 확률 값을 갖게 된다. 따라서 약간의 오차를 가질 수밖에 없다. 결국, 오차를 포함한 회귀 분석식은 $y_i = a + \beta x_i + \varepsilon_i$가 된다.

+ K-means 클러스터링

예측은 미래에 발생할 데이터를 대상으로 분류, 분석하는 방법이다. 개체들을 유사한 특징이 있는 여러 개의 그룹이나 클래스로 나눌 때 클래스들을 클러스터Cluster라 하고, 나누는 작업을 클러스터링Clustering이라고 한다. 이렇게 개체들을 그룹으로 나누는 과정을 통해 클러스터 내부 멤버들 사이는 서로 가깝게, 서로 다른 두 그룹 사이의 멤버 간에는 서로 멀리 떨어지도록 군집화하는 방법이다.

K-means 클러스터링은 간단하면서도 많이 사용되는 방법 중 하나이며 K-평균 군집화 방법이라 불린다. 원리는 첫째, 군집 내 응집도 최대화이다. 즉, 같은 군집 내 객체 간의 거리는 최소화하는 것이다. 둘째, 군집 내 분리도 최대화이다. 다른 군집과의 거리를 최대화하는 방법이다. 즉, 같은 군집 내에서는 객체들이 가까이 붙어있고, 다른 군집과는 멀리 떨어

K-means 클러스터링

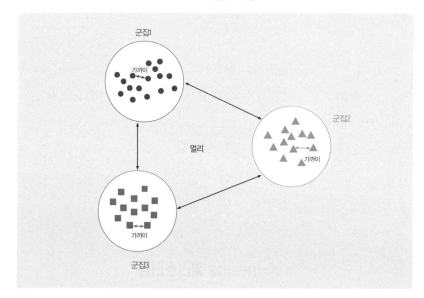

클러스터 수 : 2

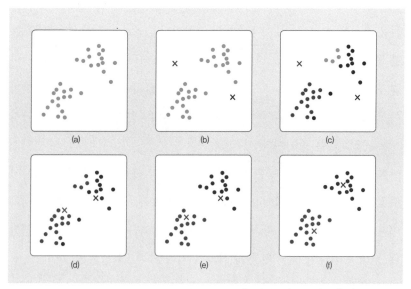

(a)　　　　　(b)　　　　　(c)

(d)　　　　　(e)　　　　　(f)

http://stanford.edu/~cpiech/cs221/img/kmeansViz.png

져 있도록 하는 방법이다.

기본적으로 K-means 클러스터링은 E$_{Expectation}$ 알고리즘과 M$_{Maximization}$
을 사용한다. 클러스터의 수를 2로 정하고, 2개의 클러스터의 중심점(b)
을 무작위로 설정한다. 그 후 모든 데이터와 중심점과의 유클리디안 거리
를 구해 가장 가까운 중심점에 할당(c)한다. 이를 Expectation 단계라고
한다. 두 개로 나눠진 클러스터들에서는 각 중심점이 중심에 오도록 업데
이트(d) 해준다. 이 단계가 Maximization이다. 중심점은 클러스터된 데이
터들의 '평균값'으로 계산한다. 계산된 결과로 중심점의 위치를 바꾼다. 이
중심점에 맞게 또 다시 데이터 세트들을 클러스터링한다. E-M-E-M을
반복 학습(e, f)해 결과가 바뀌지 않을 때까지 한다.

인공지능 중에서도 머신러닝이 잘 하는 일에 해당하는 분류, 분석, 예측
방법에 대해 알아봤다. 지금은 잘 이해가 되지 않아도 된다. 앞으로 본격적
으로 이야기할 머신러닝과 딥러닝에서 좀 더 자세히 설명할 것이다. 다만,
여기서는 기계가 학습하는 방법이 분류, 분석, 예측 알고리즘이라는 것이
다. 알고리즘을 만들기 위해서는 수학적 개념들이 사용되었고 통계적 개념
들이 많이 나온다는 점이다. 분류 방법으로는 두 개의 영역을 나누기 위해
선을 긋는 방법과 2차원 평면으로 나누는 방법, 회귀분석과 같이 미래에
일어날 일을 예측하는 방법, 의사 결정을 하기 위한 방법, 잘 분류하기 위
해 마진을 정하는 방법, 이웃한 데이터와의 유사성을 판단하는 방법, 군집
화하는 방법 등 다양한 방법이 분류와 분석, 예측을 위해 사용되고 있다.

규칙 기반 전문가 시스템을 통해
인공지능이 발전하다

우리가 사용하는 모든 프로그램은 프로그램 전체가 규칙의 집합이라 볼 수 있다. 프로그래밍은 프로그램을 만들기 위해서 규칙을 작성하는 과정이다. 인공지능 역시 마찬가지이다. 규칙 기반 전문가 시스템Rule-based expert system은 전문가의 '지식'을 컴퓨터에 저장하고 전문가가 지식을 바탕으로 '추론'하는 과정을 구현한 시스템이다. 전문가의 지식과 활용을 체계적으로 저장하여 사고하고 판단하는 과정을 구현해 낸 시스템이다. 논리 연산, 추론 방법과 같은 수학적이고 과학적인 방법들을 적용하고 컴퓨터 공학의 필수 개념인 탐색 알고리즘을 적용하였다. 전문가의 추론 과정을 재현하는 추론 엔진 시스템을 더해 제2차 인공지능의 붐을 일으킨 전문가 시스템Expert system이 탄생하였다.

+ 논리 연산

프로그래밍 언어를 배우게 되면 어떤 언어를 배우든지 간에 꼭 알아야 하는 개념이 있다. 그 중 하나가 논리logic이다. 논리의 개념을 알고 이를 프로그래밍 언어에 적용해야만 우리가 원하는 프로그램을 만들 수 있기 때문이다. 논리에는 '그리고', '또는', '~가 아니다', '어떤', '전부' 등이 모두 논리적logical인 표현이다. 이런 표현들은 명제statement와 함께 사용된다. 논리와 명제는 규칙 기반role-based 시스템에서 필수적인 요소이다. 논리 연산에는 AND, OR NOT, XOR 연산이 존재한다. '내일은 비가 오거나 해가 난다'라는 명제는 '내일은 비가 온다' 또는 '내일은 해가 난다'에 해당한다. 즉, A OR B에 해당하므로 둘 중에 하나만 참이면 참인 명제가 된다.

논리연산

A	B	AND 논리곱	OR 논리합	XOR 배타적 논리합	NOT A 논리부정
False	False	False	False	False	True
False	True	False	True	True	True
True	False	False	True	True	False
True	True	True	True	False	False

+ 귀납적 추론과 연역적 추론 방법

추론推論은 이미 알고 있거나 확인된 정보로부터 논리적 결론을 도출하는 행위 또는 과정이다. 추론은 '어떠한 판단을 근거로 삼아 다른 판단을 이끌어내는 것'이라고 할 수 있다. ^{위키백과} 추론 방법은 귀납적 추론 방법과 연역적 추론 방법으로 구분된다. 귀납적 추론 방법은 개별적인 특수한 사실이나 원리로부터 일반적이고 보편적인 명제 및 법칙을 발견한다. 따라서, 새로운 지식이나 이론에 도달하게 하는 일반적인 방법이다.

아침에 본 백조는 하얗다.

점심에 본 백조는 흰색이다.

저녁에 본 백조는 흰색이다.

따라서, '모든 백조는 하얀색일 것이다'라고 추론하는 방법이다.

반면, 연역적 추론방법은 어떤 명제로부터 추론 규칙에 따라 결론을 이끌어내는 방법이다.

대전제: 모든 사람은 죽는다.

소전제: 소크라테스는 사람이다.

결론: 따라서 소크라테스는 죽는다.

연역적 추론방법은 기존의 이론을 토대로 하기에 논리의 일관성은 있으나 새로운 이론을 제시하거나 확장하기는 어렵다. 귀납적 추론 방법과 연역적 추론 방법은 연구의 방법과 특징이 다르므로 상호 보완적인 관계를 가진다. 귀납법의 관찰과 경험이 연역법의 이론을 뒷받침할 수 있기 때문이다.

+ 깊이 우선 탐색과 너비 우선 탐색

컴퓨터를 전공하는 학생들에게 수학 공식처럼 꼭 필요한 개념과 문제 풀이가 있다면 '자료 구조'라고 하는 과목을 단연 꼽을 것이다. '자료 구조'는 컴퓨터에 데이터를 효율적으로 저장하는 방법을 학습하는 과목이다. CPU 와 메모리와 같은 유한한 자원을 최적으로 사용하여 프로그래밍하는 알고리즘을 학습한다. 인공지능의 탐색 기법 역시 자료를 효율적으로 탐색하기 위한 깊이 우선 탐색DFS, Depth-First Search과 너비 우선 탐색BFS, Breadth-First Search

깊이 우선 탐색(DFS)

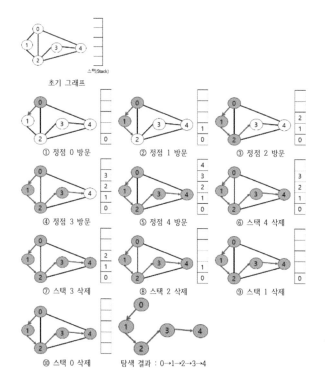

초기 그래프

① 정점 0 방문 ② 정점 1 방문 ③ 정점 2 방문

④ 정점 3 방문 ⑤ 정점 4 방문 ⑥ 스택 4 삭제

⑦ 스택 3 삭제 ⑧ 스택 2 삭제 ⑨ 스택 1 삭제

⑩ 스택 0 삭제 탐색 결과 : 0→1→2→3→4

너비 우선 탐색(BFS)

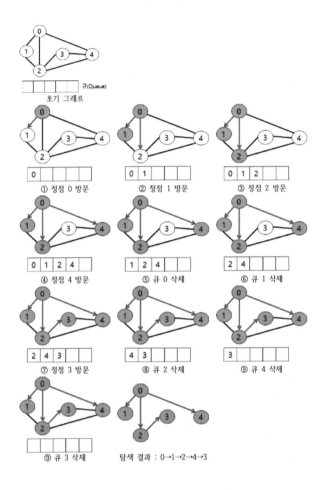

초기 그래프

① 정점 0 방문   ② 정점 1 방문   ③ 정점 2 방문

④ 정점 4 방문   ⑤ 큐 0 삭제   ⑥ 큐 1 삭제

⑦ 정점 3 방문   ⑧ 큐 2 삭제   ⑨ 큐 4 삭제

⑨ 큐 3 삭제   탐색 결과 : 0→1→2→4→3

방법을 사용한다. 깊이 우선 탐색은 부모 노드에서 자식 노드로 이동하면서 탐색하는 기법이다. 너비 우선 탐색은 형제 노드를 우선 탐색하는 기법이라 할 수 있다. 이들이 발전하여 트리와 그래프 형태로 발전한다.

+ 규칙 기반 전문가 시스템

규칙 기반 전문가 시스템에서 지식은 IF ~ THEN이고, 데이터는 데이터베이스이다. 추론 방법은 인공지능에서 추론 엔진으로 구현된다. 추론 엔진Inference engine은 지식베이스를 검색하는데 사용되는 방법이다. 지식 기반을 통해 추론 과정을 거치고 이미 알려진 규칙과 사실을 통해 새로운 규칙과 법칙을 탐색하는 프로그램을 말한다. 지식 획득이 쉬운 형태로 정확히 표현되어야 하며 저장이 용이해야 한다. 따라서, IF 부분이 사실과 일치한다면, 규칙이 점화Fire되고 THEN 부분이 실행된다.

규칙3은 'A가 참이면 X가 참이다'를 통해 규칙3이 점화된다. 규칙2는 'X가 참이고 B가 참이고 C가 참이면 Y가 참이다'가 점화된다. 규칙1은 'Y가 참이고 D가 참이면 Z가 참이다'라는 결론을 얻게 된다.

정방향 추론forward chaining은 최초 정보로부터 결론에 이를 때까지 지식베

추론 사슬

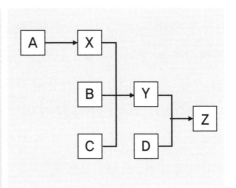

이스를 검색한다. 규칙 조건IF 부분이 참이면 그 규칙의 실행THEN 부분이 수행되고, 검사한 규칙과 결론을 지식베이스에 추가한다. 이 과정은 수행할 명령문이 사라질 때까지 계속된다. 역방향 추론backward chaining은 정방향 추론과는 반대 방향으로 탐색한다. 주어진 최종 가설로부터 시작된다. 가설이 채택 또는 기각될 때까지 계속 질문한다.

+ 전문가 시스템

전문가 시스템expert system은 전문가의 지식, 경험, 노하우를 쉽게 이용할 수 있도록 컴퓨터에 저장하여 구현한 시스템이라 할 수 있다. 전문가와 동일하게 문제 해결을 할 수 있는 능력을 가진 컴퓨터 프로그램이다. 1980년대 제2차 인공지능의 붐을 일으킨 '지식'이라는 막강한 개념과 그 분야의 '전문가'의 추론 과정을 구현한 것이다. 전문가의 지식을 컴퓨터에 체계적으로 저장하여 사고와 판단하는 과정을 흉내 낸 시스템이다.

1970년대 초 스탠포드 대학에서 개발한 백혈병 진단 시스템 마이신MYCIN과 1960년대 에드워드 파이겐바움Edward Albert Feigenbaum이 미지의 유기 분자의 구조를 예측할 수 있도록 개발된 덴드럴DENDRAL 시스템이 유명하다. 이 외에도 금융, 인사, 회계, 생산 등 다양한 분야에서 개발되었다. 정형화된 '지식'이라는 데이터에 '추론' 과정이라는 비정형화된 과정을 알고리즘하여 최종 결과를 판단한다. 전문가 시스템은 전문가와 대등하거나 더 뛰어난 수준의 판단을 내리고 있다.

전문가 시스템에도 한계는 있었다. 해당 분야의 전문가들의 지식을 체계적으로 정리해야 하므로 비용이 많이 들고 대단히 어려운 작업이었다. 이렇게 쌓인 지식은 비정형화된 추론의 과정이 더해질수록 서로 모순되거나 일관성이 유지되지 않아 오히려 성능이 나빠졌다. 매우 구체적이고 전문적인 영역에서는 신뢰성을 유지하였으나 범용적인 일상생활의 문제를 해결하기에는 어려움이 있었다. 예를 들어, 아이가 "배가 아프다", "머리가 아프다"라고 말하면 엄마는 왜 아픈지 감각적으로 판단할 수 있지만, 전문가 시스템은 어렵다는 점이다. 지식을 표현하고 이를 구현하는 문제에 있어서 지식을 정의한 범위를 벗어나는 '프레임 문제'나 기호와 의미를 연결하지 못하는 '심볼 그라운딩' 문제와 같은 한계를 만나게 된다.

그럼에도 불구하고 전문가 시스템은 산업 곳곳에서 사용되고 있다. 금융의 중심지라 불리는 미국 뉴욕 월스트리트에서도 마찬가지다. 뉴욕 본사에 위치한 골드만삭스가 켄쇼 테크놀로지의 인공지능 시스템을 도입했다. 그러자, 하버드를 비롯한 아이비리그 졸업생들을 대신해 금융 업무를 대신하게 되었다. 600명의 트레이더가 해고되었으나, 회사에는 막대한 이익이 발생했다. 골드만삭스가 2015년에 "우리는 더 이상 금융 투자 기업이 아니다. 인공지능 기업이다"라고 선언한 것처럼 회사의 정체성을 '금융 투자'에서 '인공지능'으로 바꿔나가기 시작했다.[3]

---

3 이지성(2019.10), 《에이트: 인공지능에게 대체되지 않는 나를 만드는 법》, 차이정원, p.78

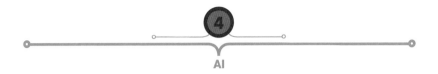

머신러닝,
기계가 스스로 학습한다

머신러닝은 기계를 학습시키는 알고리즘이다. 학습 방법에는 지도학습, 비지도학습, 강화학습이 있다. 지도학습은 문제와 함께 정답을 알려주는 방법으로 기계를 학습시킨다. 이렇게 학습된 모델은 새로운 문제에 대한 답을 분류와 회귀를 통해 구한다. 비지도학습의 경우는 기계로 하여금 수많은 문제를 풀게 하고 답을 알려주지 않는다. 답은 기계가 스스로 찾도록 한다. 이렇게 함으로써 인간이 발견하기 어려운 연관이나 군집을 발견하

머신러닝의 분류

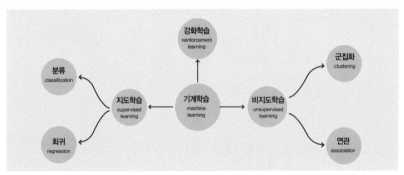

게 하는 학습 방법이다. 비지도학습의 결과는 다시 지도학습의 입력으로 사용되거나, 인간에 의해 결과가 해석된다. 수많은 데이터에서 의미있는 데이터를 채굴하는 과정이므로 데이터 마이닝 기법에 해당된다. 마지막으로, 강화학습은 행동에 대한 보상으로 원하는 행동을 강화하는 학습법이다. 주로 게임 인공지능, 로봇 증강, 자율주행 등에서 활용된다.

+ 지도학습
컴퓨터는 인간이 준 데이터를 학습하여 답을 구하고 이를 인간에게 설명한다

지도학습Supervised Learning은 기존에 알려진 입력 데이터로부터 컴퓨터를 학습시켜서 새로운 모델을 만드는 방법이다. 인간은 선생님이 되고 기계는 학생이 되어 문제와 답을 주고 기계를 공부시키는 방법이다. 이때, 충분히 많은 데이터를 가지고 학습시키면 더 좋은 모델이 만들어진다. 만들어진 모델을 이용하여 새로운 데이터를 입력했을 때 우리는 새로운 결과를 예측할 수 있는 것이다. 많은 문제집을 푼 학생이 새로운 문제에 대하여 잘 적응하는 원리처럼 기계를 학습시키는 방법이다. 데이터가 많고 정확할수록 좋은 모델이 생성된다.

지도학습의 중요한 방법으로는 분류와 회귀분석이 있는데 독립변수와 종속변수로 이루어져 있다. 분류Classification는 정리되지 않은 데이터들의 속할 그룹을 정해 주는 것이다. 독립변수와 종속변수로 이루어져 있으며 예측하고 싶은 결과가 범주인 경우에 사용하는 방법이다. 마스크의 착용 유무에 해당하는 곰돌이 사진은 독립변수, 마스크 착용 여부를 판단하는 '마

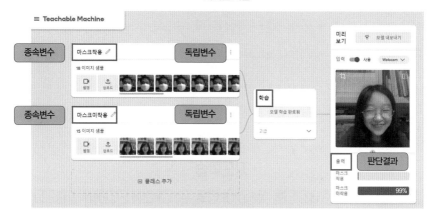
티처블 머신

스크 착용'과 '마스크 미착용'은 종속변수에 해당한다. 티처블 머신Teachable Machine을 통해 마스크 착용 유무를 학습시킬 수 있다. 클래스Class에는 '마스크 착용'과 '마스크 미착용'을 넣고, 웹캠이나 사진을 업로드한다. 그리고 훈련Traning 버튼을 눌러 모델을 훈련시킬 수 있다. 테스트는 훈련에 사용되지 않은 데이터로 하며 영상 데이터를 보고 출력 결과에 마스크 착용과 미착용을 판단하게 된다. 지도학습을 경험해 보고 싶다면 구글이 만든 티처블 머신 사이트[4]에 접속하면 된다.

회귀Regression는 독립변수와 종속변수로 이루어져 있으며, 예측하고 싶은 결과가 숫자일 경우에 회귀분석을 사용하면 미래의 결과를 예측할 수 있다. 예를 들어, 학생들의 실제 공부 시간을 입력하여 성적을 분석하거나, 집과 지하철역까지의 거리와 집값 데이터를 바탕으로 역세권의 집값을 예측해 볼 수 있다. 기온과 아이스 커피 판매량을 분석하여 얼음 수급량을

---

4 티처블 머신, https://teachablemachine.withgoogle.com/

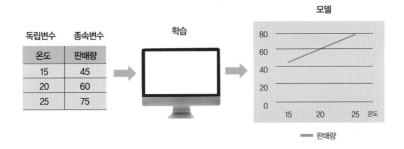

회귀분석

독립변수	종속변수
온도	판매량
15	45
20	60
25	75

학습

모델

━ 판매량

결정할 수도 있는 등 많은 경우에 회귀분석을 이용하면 정확한 의사 결정을 내릴 수 있다. 데이터에 독립변수와 종속변수가 있고, 종속변수가 숫자일 때 회귀를 이용하면 된다.

+ 비지도학습
컴퓨터는 스스로 학습하여 답을 구하지만 결과를 인간에게 설명할 수 없다

비지도학습Unsupervised Learning은 기계에 막대한 데이터를 넣어주면 기계가 스스로 알아서 데이터를 분석하고 결론을 도출하는 시스템이다. 이를 기계에 통찰력을 부여하는 모델이라 표현한다. 통찰이란 '예리한 관찰력으로 사물을 꿰뚫어 보는 것'이란 뜻으로, '사물의 통찰을 통해 새로운 의미나 관계를 밝혀내는 것'을 말한다. 비지도학습에서는 선생님은 없으며 학생인 기계만 존재한다. 학생 스스로 방대한 양의 자기주도 학습을 하는 모델이다. 비지도학습의 최종 목표는 데이터를 비슷한 것끼리 군집화하거나 데이터들 사이의 연관 규칙을 찾아내어 특성을 파악하는 것이다.

군집화는 클러스터링Clustering이라 하며 유사한 것들을 찾아 그룹을 만드는 것을 의미한다. 얼핏 보면 분류와 같은 개념처럼 보인다. 군집화는 아직 분류되지 않은 데이터를 끼리끼리 묶어주는 것이다. 분류는 새로운 데이터가 어떤 그룹에 속하는지를 판단하는 것이다. K-평균 군집화K-means 클러스터링 방법을 이용하여 군집화하는 방법을 앞서 설명하였다.

연관 규칙 학습Association rule learning은 장바구니 학습Market Basket Analysis이라고도 불린다. 이는 기저귀를 사는 사람들이 맥주도 함께 산다는 규칙에서 나온 이름이다. 온라인 쇼핑 시 라면과 계란, 식빵과 우유, 샐러드와 소스 등 함께 구매할 확률이 높은 상품을 추천해 주는 시스템이다. 훈련 데이터에서 데이터 특성 간 관계를 그룹으로 묶어주는 모델이라 할 수 있다. 대량의 데이터에서 인간이 표를 보고 관련성을 찾기란 매우 어렵다. 이런 경우 연관 규칙학습을 이용하면 효율적인 예측이 가능하다. 훈련 데이터를 그룹화하는 것은 군집화이고, 훈련 데이터의 연관된 특성을 그룹화하는 것은 연관 규칙 학습이라 할 수 있다.

+ 강화학습
칭찬은 고래도 춤추게 한다. 보상은 알고리즘을 강화한다

지금까지 살펴본 지도학습이 배움을 통한 학습이라면 강화학습Reforcement Learning은 경험을 통한 학습이다. 강화학습은 학습을 통해서 능력을 향상시키는데 이를 훈련이라 한다. 원하는 결과에 도달하면 상을 받고, 도달하지 못하면 벌을 받는 시스템이다. 대표적인 강화학습은 자율주행 자동차라고

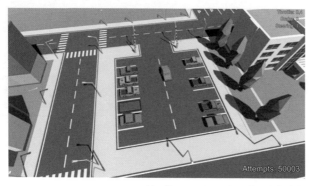

자율주행자동차 강화학습

https://www.youtube.com/watch?v=VMp6pq6_QjI

할 수 있다. 자율주행 자동차가 처음 주행 시 차선을 이탈하고 신호를 무시하고 사람이나 건물에 부딪힌다. 그러면서 주행을 계속할수록 점점 차선과 신호도 지키고 주차까지 정확하게 되는 원리이다.

강화학습에서 에이전트Agent는 자동차가 되고, 환경Environment은 주차장이다. 행동Action에는 핸들, 엑셀러레이터, 브레이크 조작하기다. 보상Reward은 주차를 주차 공간에 빠르고 정확하게 했으면 상을 주고, 도로가 아닌 곳에서 주행하거나 건물에 부딪히면 벌을 준다. 상태State는 자동차의 현재 위치와 사물과의 거리 등이 된다. 자동차는 현재 상태를 보고 관찰하여 핸들, 엑셀, 브레이크 등의 행동을 판단하여 행동한다. 그 결과에 따라 상이나 벌과 같은 보상이 주어지며 다시 자율주행 알고리즘 정책Policy에 반영된다.

지금까지 머신러닝의 분류와 분류에 따른 학습 방법에 대해 살펴보았다. 그런데 과연 어떤 상황에서 어떤 머신러닝 방법을 사용해야 하는 지에 대해서는 정확한 구분이 어려운 게 현실이다. 우리가 머신러닝을 현실의 문제나 삶에 잘 적용하기 위해서는 머신러닝의 활용이 중요하다. "머신러

머신러닝 지도

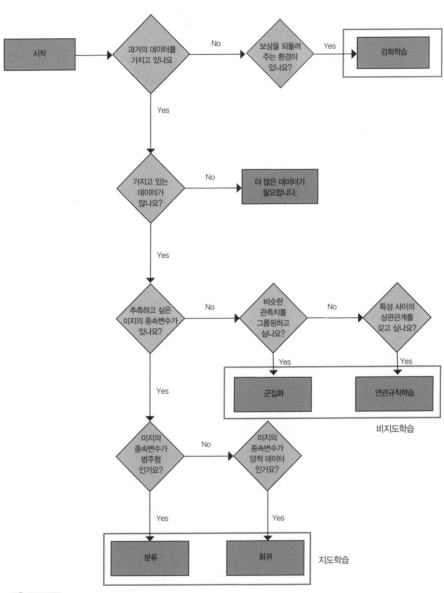

닝 지도를 통해 확인해 보면 어떨까? 데이터를 가지고 있는가?"라는 질문을 시작으로 Yes/No로 따라가다 보면 어느 정도 알맞은 답을 찾을 수 있다. 머신러닝 지도가 현실 세계의 모든 문제에 꼭 들어맞는 것은 아니지만 머신러닝의 개념을 잡고 이해하는 데는 분명 도움이 될 것이다.[5] 이제부터 필요한 것은 머신러닝 기술을 어디에 어떻게 활용해야 적합한지에 대한 인간의 통찰력이다.

---

5 생활코딩, 머신러닝 지도, 2020.08.19, https://youtu.be/9HnAVKPk_bg

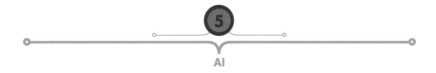

최초의
인공 신경망

머신러닝에는 지도학습에 해당하는 분류와 회귀, 비지도학습에는 군집화와 연관규칙 학습, 그리고 강화학습 방법이 있다. 이 중 지도학습에 해당하는 알고리즘 중 하나가 뉴럴 네트워크이다. 뉴럴 네트워크는 인간의 두뇌를 모방해서 만든 기계 학습이다. 인간의 뇌에는 뉴런이 촘촘히 연결되어 있는데 이를 신경망이라 한다. 신경망을 인공적으로 만들었기에 인공신경망Artificial Neural Network이라 부른다. 인간의 뇌처럼 복잡한 문제를 해결하기 위해 인공 신경망을 겹겹이 쌓은 것을 딥러닝이라 한다. 사실 인공 신경망과 딥러닝은 거의 같은 개념으로 사용되고 있다.

+ 단층 퍼셉트론

1943년에 워런 매컬러Warren Maculloch는 신경망 연구를 발표하였다. 신경 생리학자였던 매컬러는 인간이 학습하는 방법을 기계에 고안해 보고 싶었다. 그리하여 인간의 뇌에서 지식과 경험을 통해 학습하는 방법을 개념적으로 정리하게 되었다. 매컬러는 수학적인 모델을 제시하거나 의미있는 결과를 내지는 못했지만, 인공 신경망이라는 개념을 세상에 내놓았다.

그 후 1957년 프랭크 로젠블랫Frank Rosenblatt은 매컬러 모델을 발전시켜 최초의 신경망인 퍼셉트론 모델을 개발하였다. '퍼셉트론'은 단층으로 이루어졌기 때문에 '단층 퍼셉트론Single Layer Perceptron'으로 불린다. 단층 퍼셉트론은 마크 I 퍼셉트론Mark I Perceptron으로 제작되어 성공적인 시범을 보였다. 마크 I은 A, B, C 등의 문자 인식에 놀라운 성과를 보였다. 처음 개발된 단층 퍼셉트론은 뉴런Neuron을 컴퓨터로 고안한 것이다. 단층 퍼셉트론을 그림으로 표현하면 다음과 같다. 입력을 받아 출력으로 전달하는 과정이 인간의 뉴런 구조와 비슷하다.

단층 퍼셉트론

1969년 마빈 민스키 교수에 의해 단층 퍼셉트론의 한계점이 드러나면서 신경망 관련 연구는 다시 침체기에 빠진다. 단층 퍼셉트론의 출력값

단층 퍼셉트론의 XOR문제

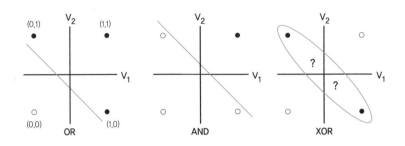

http://ecee.colorado.edu/~ecen4831/lectures/NNet3.html

은 오직 0과 1만 가지므로 선형 분리가 가능한 패턴들만 분류할 수 있다. XOR와 같은 직선으로 분리가 되지 않는 패턴 분류 문제를 해결할 수 없다는 한계에 부딪히고 만다. 인공지능 기술에서 중요한 논리 규칙의 논리곱AND, 논리합OR은 선형 분리가 가능하지만 배타적 ORExclusive-OR의 곡선 분류를 설명하지 못했다. 이를 마빈 민스키 교수가 수학적으로 증명하면서 인공 신경망은 다시 침체기에 접어든다.

+ 다층 퍼셉트론

1980년대 중반에 나타난 다층 퍼셉트론Multi Layer Perceptron은 XOR 문제를 해결하면서 다시 부상하였다. 인공 신경망을 여러 겹 쌓은 것이 다층 퍼셉트론Multi Layer Perceptron이다. 다층 퍼셉트론은 입력층과 가중치 그리고 출력값 사이에 히든 레이어Hidden Layer라고 하는 은닉층을 여러 겹 겹쳐 XOR 문제를 해결하였다.

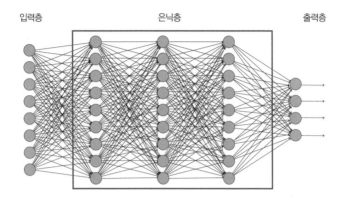

다층 퍼셉트론의 구조

입력층   은닉층   출력층

1980년대 중반에 기존의 단층으로 이루어진 퍼셉트론 모델에다 하나 이상의 은닉층을 쓰는 다층 퍼셉트론 모델이 제안된 것이다. 이 모델은 제프리 힌턴Geoffrey Everest Hinton 교수가 오류 역전파Back propagation 알고리즘을 제시하면서 신경망 이론에 새로운 붐을 일으켰다. 이 모델은 은닉층을 가진 다층 퍼셉트론에다 역전파 알고리즘을 더하여 XOR 문제인 선형 분리 패턴 문제를 해결한 것이다. 역전파 알고리즘은 은닉층을 거쳐 출력층으로 갔다가 원하는 결과가 나올 수 있도록 출력층에서 은닉층을 거쳐 입력층으로 되돌아온다. 이 과정에서 가중치 값들을 미세하게 조정하며 더 정교한 결과를 도출하는 학습 방법이다.

제프리 힌턴 교수가 인간의 뉴런을 모방한 단층 신경망에 은닉층과 역전파 알고리즘을 추가하며 인공 신경망은 다시 부상한다. 은닉층의 개수가 많아지고 학습하면 학습할수록 결과가 이상해지는 과적합Overfitting 문제가 발생하면서 인공 신경망을 믿을 수 없다는 인식에 도달한다. 거기에

순전파와 역전파 알고리즘

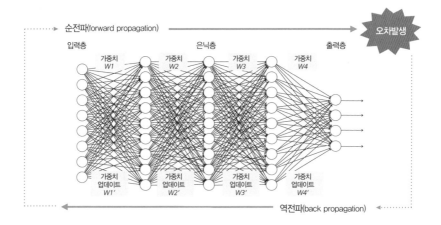

1990년에 등장하는 분류와 회귀 개념의 통계 기반, 패턴 인식, 사물 인식 등이 인공 신경망보다 더 정확한 성능을 발휘하면서 신경망 이론은 사람들의 관심에서 점점 멀어져갔다.

2000년대가 되면서 인터넷이 기하급수적으로 발전하고 넘쳐나는 데이터와 하드웨어 성능이 폭발적으로 증가하면서 상황은 역전된다. 제프리 힌턴 교수는 기존 신경망의 과적합 문제를 해결하기 위해 넘쳐나는 데이터를 이용하여 각 층을 효과적으로 사전 훈련pre-trainning했다. 이 사전 훈련을 통해 과적합을 방지할 수 있는 가중치 값을 설정하고, 이를 다시 역전파 알고리즘에 사용하여 학습에 학습을 거듭했다. 이렇게 등장한 것이 바로 딥러닝Deep Learning이다.

딥러닝의 탄생과
딥러닝 알고리즘

인공지능 기술 영역 안에 머신러닝이 있고 머신러닝 영역 안에는 딥러닝이 있다. 다시 말하면 인간의 뇌에 가깝게 발전하면서 모델이 좀 더 정교하게 발전하고 세분화된 것이라 할 수 있다. "기계도 생각할 수 있는가?"로 시작한 물음표가 딥러닝에 이르러 느낌표로 바뀌었다. 아직 마침표를 찍을 시점은 아니지만 점차 그 속도가 빨라지고 있는 건 사실이다. 딥러닝에 사용된 알고리즘을 특별히 '모델'이라고 부른다. 2010년 ILSVRC 이미지 인식 대회를 통해 유명해진 딥러닝은 점차 발전하여 합성곱 신경망CNN, 순환 신경망RNN, 생성적 적대 신경망GAN으로 발전한다.

+ 딥러닝의 탄생

2010년 시작된 ILSVRC는 ImageNet Large Scale Visual Recognition Challenge의 약자로 이미지 인식Image Recognition 경진대회이다. 컴퓨터에 대

용량의 이미지 세트를 주고 이미지 인식과 이미지 분류image classification의 성능을 평가하는 대회이다. 그동안 잘 나가는 선수는 기호와 규칙을 기반으로 하는 기호주의 학파의 컴퓨터들이다. 이 컴퓨터들의 이미지 판독은 평균 74%의 성공률을 보이며 승리를 차지해 왔다. 2012년 대회ILSVRC[6]에서 그동안 침체기에 빠져있던 신경망 이론을 기반으로 한 연결주의 학파의 컴퓨터가 등장했다. 바로 제프리 힌턴 교수가 와신상담臥薪嘗膽하여 만든 알렉스넷AlexNet이다. 딥러닝 알고리즘으로 학습한 알렉스넷이 이미지 인식률 84.69% 성공률을 보이며 화려하게 등장한다. 다시 신경망 이론을 바탕으로 한 딥러닝의 시대가 온 것이다.

비전 인식 분야 올림픽 대회인 ILSVR에서 이미지 인식률이 1%만 올라가도 우승 트로피를 주던 때에 무려 10% 성장으로 세상을 뒤집었다. 제프리 힌턴 교수는 2013년 창업을 했고 이 회사를 구글이 인수한 후, 2016년

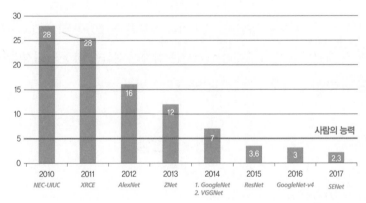

우승 알고리즘의 분류 에러율[%]

https://bskyvision.com/425

6 이미지 넷, http://www.image-net.org/

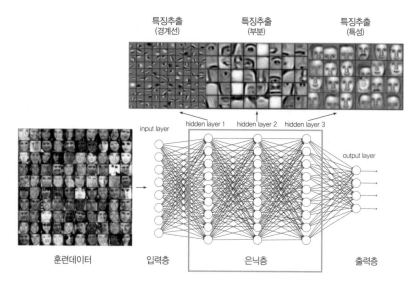

딥러닝 알고리즘을 활용한 얼굴 인식 프로세스

특징추출
(경계선)

특징추출
(부분)

특징추출
(특성)

input layer

hidden layer 1 hidden layer 2 hidden layer 3

output layer

훈련데이터

입력층

은닉층

출력층

©RSIP VISION

구글의 딥러닝 알고리즘을 탑재한 알파고가 탄생한 것이다. 알파고는 신경망이 13층으로 이루어져 있으며 3천만 건의 바둑 기보 사전 훈련을 마친 딥러닝 인공지능 머신이다. 알파고는 이미지 연산 처리 속도가 빠른 GPU를 탑재하고 합성곱 신경망CNN을 이용하여 수많은 기보를 학습하였다.

신경망이라는 개념만 있고 확실한 모델이 제시되지 못하다가 단층 신경 망에서 다층 신경망 그리고 딥러닝으로 비약적인 발전을 하게 된다. 딥러 닝Deep Learning은 숨겨진 은닉층hidden Layer이 깊은Deep 레이어Layer이다. 따라서, 컴퓨터가 이 안의 가중치 값을 어떻게 수정하는지 그 값들이 어떤 의미가 있는지 알 수도 이해할 수도 없다. 인간의 논리가 아닌 다양한 훈련 데이 터를 통한 실험에 의한 결과로 딥러닝의 성능이 평가된다.

+ 합성곱 신경망 CNN
: 손글씨 0에서 9까지 뉴럴 신경망으로 인식해보자!

합성곱 신경망CNN, Convolutional Neural Network은 인간의 시각Vision을 흉내낸 것으로 이미지 인식과 분류에서 탁월한 성능을 발휘한다. 지금까지 이미지 인식은 이미지의 픽셀Pixel값을 그대로 저장하여 분류하고 인식했다. 픽셀이란 이미지를 구성하는 최소 단위의 점을 말한다. 따라서, 픽셀 정보가 바뀌면 이미지를 제대로 인식하지 못했다. 같은 사물이라도 이미지는 다양한 형태를 띠고 있으며 필기체 역시 사람마다 서체가 다르다. CNN은 픽셀 정보를 행렬값으로 받아 저장하여 이미지가 손상되는 문제를 방지하였다. 이미지의 픽셀값을 그대로 저장하는 것이 아니라 특징features을 추출하는 사전 훈련 과정을 거친 후 신경망을 통해 학습시킨다. CNN은 데이터로부터 특징을 학습하고 출력층에서는 물체의 종류를 인식하는 대표적인 모델이다.

CNN은 크게 세 가지 종류의 층으로 구성된다. 컨볼루션 층Convolution Layer

필기체 숫자 인식을 위한 CNN 모델 구조

은 이미지로부터 특징을 추출한다. 풀링 층Pooling Layer은 이미지에서 추출한 샘플로 신경망을 학습시킨다. 완전연결계층Fully Connected Layer은 학습을 통한 최종적인 분류 작업을 담당한다.

입력 이미지에 필터 처리를 해서 이미지의 가장자리edge나 곡선curve과 같은 저차원적인 특징을 추출한다. 점차 높은 층으로 올라갈수록 질감texture, 물체 일부분Object parts과 같은 고차원High Level의 특징을 도출한다. 그 결과 이동이나 변형에 무관한 이미지의 최종 특성을 얻게 된다. 느낌이 잘 오지 않는다면 손글씨 0에서 9까지의 숫자를 CNN으로 인식시켜보자. 스마트폰과 테블릿에서 손으로 쓴 숫자를 컴퓨터가 어떻게 인식하는지 그 과정을 살펴보자.

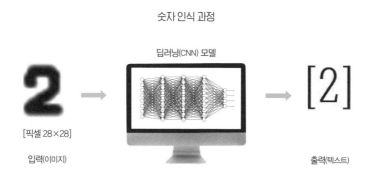

숫자 인식 과정

딥러닝(CNN) 모델

[픽셀 28×28]

입력(이미지)   출력(텍스트)

필기체 숫자를 컴퓨터가 인식하기 위한 방법으로 합성곱 신경망 CNN을 활용해보자. 손으로 쓴 숫자 이미지를 인식하기 위해서는 해당 숫자가 의미하는 라벨을 가지고 사전 훈련을 하는 과정이 필요하다. CNN 모델 훈련을 하기 위해 손글씨 데이터 이미지 세트를 준비할 필요가 있다. 손글

손글씨 데이터베이스 MNIST

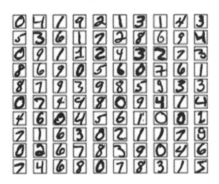

숫자를 표현하기 위한 데이터 구조

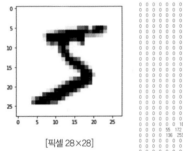

[픽셀 28×28]

씨 데이터베이스 MNISTModified National Institute of Standards and Technology [7]가 공개되어

있다. 이를 활용하면 된다.

데이터는 0부터 9까지 손으로 쓴 숫자 이미지와 이미지가 의미하는 숫

자를 한 세트로 한다. 훈련용 데이터 6만 개와 테스트용 데이터 1만 개로

구성되어 있다. 각 숫자 이미지는 픽셀 28×28로 되어있고, 흑백이기 때

---

7 MNIST 데이터베이스(Modified National Institute of Standards and Technology database)는 손으로 쓴 숫자들로 이
    루어진 대형 데이터베이스이며, 다양한 화상 처리 시스템을 트레이닝하기 위해 일반적으로 사용된다. (위키백과)

그림판으로 쓴 숫자와 인식결과(98%의 정확도)

그림판 숫자

인식결과   [1]   [5]   [2]

문에 $28 \times 28 \times 1$ 행렬이다. 훈련용 데이터를 이용하여 CNN 신경망으로 학습시키고 테스트용 데이터로 교정한다. 테스트 학습이 완료된 후에 그림판으로 글씨를 써서 확인해 보면 손으로 쓴 숫자 인식이 잘 되는 것을 볼 수 있다.

+ 순환 신경망 RNN
자연어 처리, 인간의 언어를 해석하다

순환 신경망 RNNRecurrent Neural Network 알고리즘은 현재의 학습이 과거의 학습과 시간적으로 연결되어 학습하는 알고리즘이다. 인간이 사용하는 자연어 처리에 주로 사용되며, 반복적이고 순차적인 데이터Sequential Data 학습에 잘 어울린다. 순환이라는 말처럼 앞서 입력된 데이터를 참조하여 순환하는 특징을 가지고 있다. 이는 인간이 언어를 이해하는 방식이다. "I love apples."라는 문장에서 'love'는 동사이지만, "Love is a feeling."에서 'Love'는 명사이다. 이렇듯 단어의 위치에 따라서 품사가 바뀌는데 이를 찾아 적용할 수 있는 알고리즘이 RNN이다.

RNN 알고리즘은 입력층과 출력층 사이에 CNNConvolutional Neural Network과 마찬가지로 은닉층이 존재한다. 그런데, 중간에 있는 은닉층은 앞에서 처리한 데이터의 가중치 값을 기억하고 이를 다음 단계의 은닉층에 반영하여 조금씩 수정하면서 전체를 학습한다. 잘 이해가 되지 않는다면 아래 그림을 보자. 각 단계의 색상은 시간이 지남에 따라 유지되는 정보의 양을 나타낸다. RNN은 인간이 사용하는 언어인 자연어를 컴퓨터가 인식할 수 있도록 도와주는 자연어 처리 시에 유용하다.

RNN은 이전에 저장한 정보를 보유하여 정보가 지속되도록 해주는 순환 알고리즘을 가진다. 마치, 인간의 단기 기억과 유사한 모양이다. 이 순차적인 데이터 학습은 반복되면서 조금씩 바뀌는 상태를 보존하여, 이전 입력을 기반으로 출력 텍스트를 결정한다. 따라서, 동일한 입력도 이전 입력에 따라 다른 출력을 생성할 수 있다. 순환 신경망은 "그는 그녀에게 사과의 의미로 빨간 사과 한 바구니를 건네주며 미안하다고 말했다"와 같은

RNN 자연어 처리

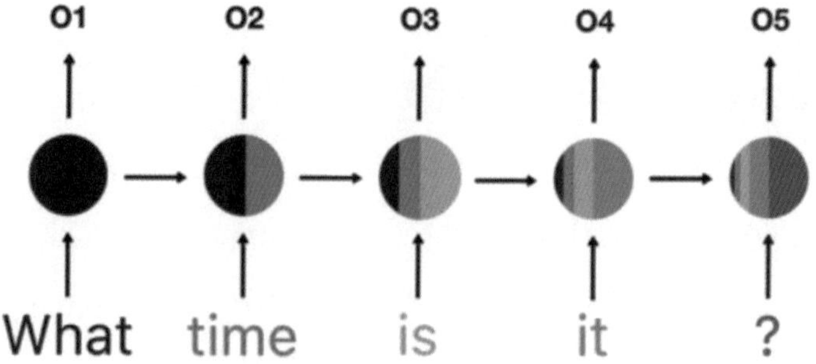

Source: Michael Nguyen / Learned Vector
https://docs.paperspace.com/machine-learning/wiki/recurrent-neural-network-rnn

스케치-RNN의 사례

https://magenta.tensorflow.org/assets/sketch_rnn_demo/index.html

문장에서 앞에 나온 사과는 apologize로 뒤에 사과는 apple로 인식할 수 있다. 즉, 단순히 사전적 의미뿐만 아니라 앞뒤 문장의 요소들을 종합적으로 판단하여 의미를 파악한다.

RNN은 검색창에 글자를 입력하면 연관 검색어가 자동으로 뜨는 자동완성 기능, 스마트폰에서 음성인식을 통한 문장 입력 기능, 각종 언어의 통역과 번역, 인간과 기계가 채팅하는 챗봇, 영상의 자동 자막 입력 기능, 구글의 마젠타 프로젝트처럼 인공지능 작곡, 작가, 아티스트도 모두 RNN에 해당한다. 꽃 그림은 구글의 '스케치-RNN'이다. 모델에서 garden을 선택하고 꽃 그림을 하나 그리면 RNN이 앞으로 그릴 꽃 그림을 예측하여 그려준다. 필자가 그린 꽃은 왼쪽이고, 스케치-RNN이 그린 꽃은 오른쪽이다.

+ 생성적 적대 신경망 GAN
: 생성적 적대 신경망으로 가상세계를 구현하다

진짜 같은 가짜 이미지를 본 적 있는가? 포토샵을 이용해 정교하게 이미지를 합성하면 가능한 일이다. 사람의 눈을 속이기 위해서는 정교한 포토샵 작업이 많이 필요하다. 인간의 눈은 이미지를 평면으로만 보는 것이 아니라 3차원으로 뇌에서 인식하기 때문에 단순히 오려 붙인 이미지는 금방 알아챌 수 있다. 이 정교한 작업을 대신 해주는 알고리즘이 생성적 적대 신경망 GANGenerative Adversarial Network이다.

GAN은 진짜 데이터를 학습하여 진짜 같은 가짜 데이터를 생성하는 모델이다. 훈련 데이터와 유사한 이미지를 생성자Generator가 만든다. 수많은 강아지 사진으로 훈련한 후, 실제로 존재하지 않지만 존재할 법한 강아지 사진을 만들어 낸다. 또 다른 신경망은 진짜 데이터와 가짜 데이터를 감별하는 감별자Disciminatior이다. 감별자는 실제 강아지 이미지와 생성된 강아지 이미지를 판단하기 위한 분류 모델로 사용되며, 생성자는 다시 더 정교한 이미지를 생성해 낸다. 생성자와 감별자는 마치 경쟁하듯이 이 과정을 반복하다가 맞추는 확률이 50%에 이르면 학습을 끝낸다. 마치 포토샵으로 이미지를 점차 정교하게 바꿔 구분이 어려워지면 작업을 멈추는 것처럼 말이다.

많은 양의 강아지 이미지로 훈련된 생성 모델은 진짜 같은 가짜 강아지 이미지를 생성하고 분류 모델은 이를 판별한다. GAN에는 최대한 진짜 같은 이미지를 생성하려는 생성 모델이 있다. 또, 진짜와 가짜를 판별하려는

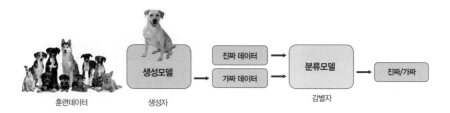

분류 모델이 있다. 이 둘은 서로 적대적으로 반복 학습하며 성장한다. 여기에 이미지를 생성하는 과정에서 새로운 특징을 추가할 수 있다. 특징이란 이미지의 특성을 의미하는데 사람의 표정, 헤어스타일, 인물의 나이 등이 해당된다. 2017년 워싱턴 대학교 연구팀은 오바마 전 미국 대통령 연설 영상에서 GAN을 이용해 입 모양을 합성해냈다.

또 다른 방법으로는 화가의 화풍을 따라서 그릴 수도 있다. 입력한 사진을 특정 화가의 해당 화풍으로 변환하는 것이다. 2017년 UC 버클리에서 GAN 모델에 원본 이미지의 형태를 유지할 수 있는 조건을 추가한 모델을 적용하였다. cycleGAN 모델은 모네의 그림을 사진으로 변환하거나, 사진을 모네 화풍으로 만들어 낼 수 있다. 마찬가지로 얼룩말의 얼룩

버락 오바마 전 미국 대통령의 가짜 영상

워싱턴대학교 https://youtu.be/MVBe6_o4cMI

cycleGAN을 통한 이미지 변환

무늬를 지워버리고 말로 바꾸고, 말을 다시 얼룩말로 변환한다. 여름 분위기의 사진을 겨울 분위기로 상호 변환하는 것도 가능하다.

GAN을 이용한 대표적인 예는 페이스북에서 개발한 리얼 아이 오프너 real-eye-opener이다. 우리는 사진을 찍으면서 순간 눈을 감는 경우가 종종 있다. 단체 사진을 찍을 때 모두가 눈 뜬 사진은 찾아보기 어렵다. 이러한 요

페이스북의 리얼 아이 오프너(real-eye-opener)

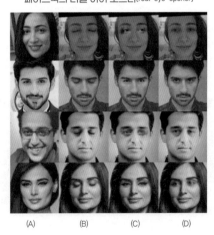

(A)   (B)   (C)   (D)

구needs를 잘 파악한 페이스북이 GAN을 이용하여 이 문제를 해결하였다. 눈을 감고 있는 사진을 눈 뜬 사진으로 만들어 주는 기술이다. GAN을 통해 얼굴에 가짜 눈을 생성하여 합성해 주면 된다. 사진을 보면, (A)는 눈 뜬 모습, (B)는 눈 감은 모습, (C)는 (A)에서 눈만 떼서 (B)에 포토샵으로 복사Ctrl+C하여 붙여넣기Ctrl+V한 모습, (D)는 GAN을 이용해 합성한 모습이다. (C)와 (D) 중에 어떤 것이 더 자연스러운가?

GAN의 놀라운 개념을 증명시켜주는 유명한 사례에는 이미지 산술 연산이 있다. '안경을 쓴 남자' 이미지에서 '안경을 쓰지 않은 남자' 이미지를 빼고 '안경을 쓰지 않은 여자' 이미지를 생성자에 넣어주면 '안경을 쓴 여자' 이미지가 생성된다는 것이 밝혀졌다.[8]

GAN 이미지 산술 연산

https://www.samsungsds.com/kr/insights/Generative-adversarial-network-AI-2.html?referrer=https://deepcell.co.kr/90

GAN은 대표적인 비지도학습이다. 미래 인공지능 기술은 GAN과 같은 비지도학습이 이끌어갈 것이다. 기계가 정답도 모른 채 스스로 학습하여 새로운 것을 만들어 낼 수 있다는 것은 데이터를 완전히 이해하게 된다는 뜻이다. 무언가를 생성할 수 있다는 것은 분류를 더 쉽게 할 수 있다는 뜻

---

8 https://www.samsungsds.com/kr/insights/Generative-adversarial-network-AI-2.html?referrer=https://deepcell.co.kr/90

이다. GAN은 저해상도 이미지를 고해상도로 개선하고, 음성 복원, 게임 배경화면 생성, 예술 창작 활동 등 다양한 분야에서 활용될 것으로 기대된다.

사람의 뇌와 유사한 구조를 가진 것을 딥러닝Deep Learning이라 한다. 딥러닝이 머신러닝과의 대표적인 차이점은 처리하는 데이터의 종류이다. 머신러닝이 처리하기 어려운 이미지나 영상, 음성, 자연어들과 같은 비정형 데이터들이 딥러닝의 주 대상이 되는 데이터이다. 대부분 현실 세계에 존재하는 아날로그 데이터라 할 수 있다. 무수히 많은 비정형 데이터로 훈련된 딥러닝 모델은 데이터를 이해하고 분석하고 종합하는 능력 면에서 인간의 뇌를 넘어서고 있다. 하지만 딥러닝의 처리 과정이 블랙박스처럼 감춰져 있어, 인공지능이 결론에 도달하는 과정을 인간이 이해하지 못한다는 문제점이 있다. 이에 인간 윤리나 가치판단이 필요한 영역을 인공지능에게 맡길지는 신중한 논의가 필요하다.

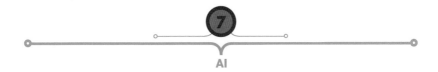

설명 가능한
인공지능이 부상한다

자동차를 만든 사람은 자동차 엔진 소리만 들어도 자동차 어느 부분에 문제가 생겼는지 알 수 있다고 한다. 악기를 만드는 사람은 한 음만 들어도 어느 부분을 조율해야 하는지 안다. 이렇게 물건에 영혼을 불어넣어 만드는 장인은 만들어진 물건에 대해 속속들이 다 안다. 컴퓨터를 사용자 측면에서 배운 사람은 컴퓨터를 잘 사용하는 것에 그친다. 이것도 물론 중요하지만 프로그래밍을 먼저 배워 필요한 프로그램을 만들 수 있는 사람은 원하는 문제를 해결할 수 있는 만능 도구로 사용한다. 이렇게 만들어진 프로그램이 잘 작동하지 않으면 바로 프로그래밍을 수정하여 내가 원하는 프로그램을 만들거나 업그레이드 할 수 있다.

인공지능 기술은 알고리즘 성능 개선으로 발전하였다. 이렇게 발전한 인공지능이 만능 도구가 되어 스스로 발전하게 된 것이 문제가 되었다. 더 이상 인간은 인공지능이 만든 것을 설명할 수도 이해할 수도 없게 된 것이다. 왜냐하면 인공지능을 발전시키는 것이 바로 인공지능이기 때문이다. 인공지능 기술은 현재 딥러닝 기술에 도달해 있다. 딥러닝 기술은 빅데이터를 기반으로 많은 양의 데이터를 학습한다. 여러 층의 은닉층에서 스스로 학습하는 다양한 모델을 활용하여 학습력을 키워간다. 이 학습 과정에서 기계가 스스로 값을 조정하여 결론을 내리기 때문에 인간은 왜 이런 결론이 나왔는지 설명할 수 없고 이해할 수도 없다. 바로 이 점이 인공지능을 완전히 신뢰할 수 없게 된 이유이다.

+ 인공지능의 편향성

2001~2002년 MIT와 시카고 대학 공동연구진은 구인광고를 보고 1,300여 개 회사에 5,000장의 가짜 이력서를 보냈다. 이력서에는 인종적 색채를 띠는 백인이나 흑인 이름을 사용하였고, 나머지 조건은 동일하게 사용하였다. 기업들이 인공지능 시스템을 이용하여 이력서를 검토하면서 백인 이름을 사용하는 이력서에 더 높은 점수를 부여했다. 여성보다 남성에게, 유색 인종보다 백인에게 높은 점수를 부여했다. 이로 인해 면접의 기회조차 갖지 못하는 부류가 생긴 것이다. 문제는 이력서를 자동으로 심사하는 시스템이 경제적이기 때문에 기업들의 도입이 확대되고 있다는 점이다.

미국 24개 주 법원은 판결문을 참고하여 범죄자를 예측하는 알고리즘을 만들었다. 재소자들을 대상으로 "처음으로 경찰에 붙잡혔던 때가 몇 살이었습니까?" "주변 친구나 친척 중에 전과자가 있습니까?"와 같은 질문을 하였다. 결국 빈민가에 살고 있는, 소득 수준이 낮은 흑인들이 대다수

"Yes"라는 답변을 하였다. 결과적으로 알고리즘에 의해 흑인 인종이 예비 범죄자로 분류되었다. 알고리즘은 인간과 다르기에 편견이 없다는 말이 과연 사실인가? 오히려 인공지능 알고리즘은 인간의 편견을 기술로 위장한 것에 불과하다.

미국의 수학자이자 데이터 과학자, 캐시 오닐은 《대량 살상 수학 무기 Weapons of Math Destruction》에서 수학과 데이터, IT 기술의 결합으로 탄생한 알고리즘 모형을 날카롭게 비판하고 있다. 알고리즘이 교육, 직업, 보험, 광고, 정치 등 다양한 영역에 영향을 미치고 있다. 알고리즘은 우리 삶에 불평등을 조장하고 민주주의를 위협한다는 주장을 근거로 설명하고 있다. 알고리즘이 내린 판단이 우리를 범죄자로 몰 수도, 취업 시장에서 이유도 모르게 실패만 하게 할 수도 있다.

+ 설명 가능한 인공지능의 필요성

기술은 언제나 사람을 향해 있어야 한다. 인간의 삶을 풍요롭게 하고 인간의 한계를 극복하도록 도와주며 인간에게 행복을 주어야 한다. 인공지능이 내린 결정이나 답을 인간이 이해할 수 있는 형태로 설명하고 제시할 수 있어야 한다. '설명 가능한 인공지능XAI, eXplainable Artificial Intelligence'의 필요성에 공감한다. 인공지능이 사람에게 의사 결정 과정의 이유를 설명하게 되면 그 결과에 대한 신뢰성이 높아진다. 따라서 질병 진단, 금융 거래, 법률 판단 등에서 활용도가 높아질 것이다.

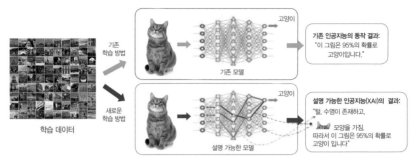

설명 가능한 인공지능(XAI)

DARPA, Explainable Artificial Intelligence(XAI) DARPA-BAA-16-53, 2016.8.10.

　　설명 가능한 인공지능을 사물 인식 딥러닝에 적용해보자. 어떤 사물이 고양이로 인식되었다면, 근거도 함께 제시된다. 털, 수염, 발톱, 귀 모양 등 고양이의 특징을 함께 제시하며, 판단한 이유를 설명한다. 미국 방위 고등 연구계획국DARPA, Defense Advanced Research Projects Agency은 지난 2016년 설명 가능한 인공지능 프로그램을 발표했으며 국내 울산과학기술원UNIST을 포함한 세계의 유명 대학 및 연구 기관도 설명 가능 인공지능 프로그램 개발에 박차를 가하고 있다.

　　인공지능이 점차 중요한 의사 결정을 하게 됨에 따라 인공지능이 결정한 근거와 과정의 타당성이 요구되고 있다. 설명 가능한 인공지능은 학습 과정 중 데이터로부터 패턴을 분류, 추출, 분석해 인간이 발견하기 어려운 법칙이나 전략 등을 도출한다. 이 과정에서 인공지능 모델을 개발한 개발자조차 알 수 없는 블랙박스가 존재한다면 인공지능의 결정을 신뢰할 수 없다는 인식이 팽배할 수밖에 없다. 예를 들어 의료 기록이나 뇌 영상 이미지, 생체 등에서 수집한 데이터를 분석해 조기 발견하기 어려운 췌장

암이나 치매 같은 질병을 진단할 수 있다. 거기에 '왜? 췌장암이나 치매로 판단하는지' 여부를 설명할 수 있다면 진단에 대한 신뢰도가 높아진다.

2019년 일본 스카이디스크Skydisc는 XAI 모델 '모션보드 스카이AIMotionBoard for SkyAI'를 개발했다. 이 XAI는 자동차 부품의 제조에 결함이 발생하는 시기와 원인을 판정하고 그 결과와 함께 판정 이유를 알려준다. 이 서비스는 불량품 발생을 예측한 AI의 판정 결과와 결함이 발생했을 때 그 요인이 되는 변수를 실시간으로 시각화한다. 양품과 불량품의 데이터를 비교하고 변화를 그래프로 확인할 수 있다. 일반적인 AI는 문제가 일어날 것 같은 시기나 원인만을 보여준다. 하지만 이 서비스는 성형가공기에서 부품에 주름이 생기거나 빠지거나 했을 때 성형기의 내압 센서나 가스 온도 등의 상태를 AI가 어떤 문제에 주목했는지도 함께 설명한다. 공장 관리자들에게 하자 발생의 이유를 전달해 공정의 문제점이나 인력 배치를 재검토해 업무 효율성을 높이는 데 활용한다. 이처럼 설명 가능한 인공지능은 AI의 판단 결과를 논리적으로 설명하는 것이 가능해진 것이다.[9]

인공지능 기술은 발전했지만, 알고리즘 편향성이라는 문제점을 안고 있다. 따라서, 인공지능의 신뢰성을 확보하기 위해 '설명 가능한 인공지능'이 탄생한 것이다. 설명 가능한 인공지능에 대한 연구와 개발은 금융, 보험, 교육, 광고, 군사 등 다양한 분야에서 신뢰를 얻고 있다. 사회적 수용을 위한 공감대 형성과 더불어 더 나은 경험을 제공하기 위한 서비스로 향

---

9 설명 가능한 인공지능(XAI)...왜 주목하나?, 〈인공지능신문〉 2019.12.16,
   http://www.aitimes.kr/news/articleView.html?idxno=14859

상되고 있다. 설명 가능한 인공지능은 법적 책임과 준수 확인 등의 효과면에서 크게 기대된다. 인공지능 시스템의 잘못된 결과로 분쟁이 발생하면 기존 모델에서는 이유를 알 수 없었다. 하지만 '설명 가능한 인공지능'에서는 결과의 근거를 제시하여 원인 파악이 가능해진다. 무엇보다 중요한 건 인간과 인공지능 간 상호작용을 효율적으로 높일 수 있다는 점이다. 인공지능 기술이 알고리즘 편향성에 갇히기보다는 인간의 풍요로운 삶과 행복을 위한 도구로 사용되도록 발전하고 있다.

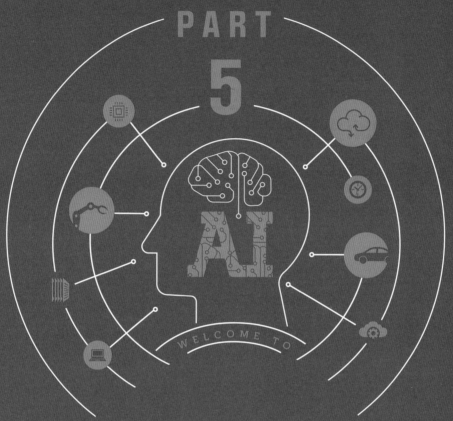

PART

5

AI

WELCOME TO

인공지능은
인간의 한계를
넘어서고 있다

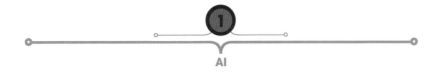
규칙 기반 전문가 시스템:
이미 인간의 일자리를 빼앗아가고 있다

규칙기반 전문가 시스템은 머신러닝으로 고도의 지식을 학습한다. 그로 인해 인간의 지적 능력에 해당하는 일자리를 기계가 대신하게 되었다. 전문직으로 대우받고 선망하던 직업으로는 의사, 변호사, 교사, 공무원과 같은 화이트칼라 직군이다. 이 직군의 사람들에게 4차 산업혁명은 가장 위협적인 존재가 되었다. 농업에서 공장까지, 사무직에서 전문직까지 기계가 이 모든 일을 다 할 수 있다면 '인간은 도대체 어떤 일을 해야 하는가?' 라는 두려움이 몰려온다.

변호사들이 자료나 증거 정리에 미숙함을 보이면 재판장에게 듣는 말이 있다. "인공지능을 잘 활용하세요!" 변호사의 주요 업무 중 하나인 증거 수집을 인공지능이 대신한다. 인공지능은 방대한 데이터를 학습해 정보를 수집한다. 찾고자 하는 증거의 특징을 인공지능에게 지시하기만 하면 되는 것이다. 변호사는 신속하고 효율적으로 내용을 검토하고 계약 조항의 위험도 분석, 법규 의미의 유사성을 평가한다. 참고할 만한 사례를 인공지능을 이용해 찾아낸다. 변호사는 인공지능을 활용해 업무를 효율적으로 처리하며, 인공지능을 잘 다루지 못하는 것은 무능력으로 연결되는 현실과 마주하게 된다.

의료 기기는 장기에 상처를 내지 않도록 힘의 강도를 조절하는 데이터를 학습하고 분석하여 의사가 하던 수술을 기계가 대신한다. 인공지능은 노련한 의사가 수술하는 모습을 장기별, 수술 방식별로 다양하게 학습한다. 수술 자동화를 인턴 연수에 활용함으로써 의사는 의료 기기를 조작하고 수술 상황에 유연하게 대처하는 역할을 한다. 간 이식과 같은 매우 어려운 수술을 의료 기기가 학습하게 되면 명의 수술의 대중화와 비용 절감에도 기여할 수 있다.

인공지능 의사인 '닥터 왓슨'은 세계 최첨단 의료 기기인 메모리얼 슬로언 케터링 암센터MSKCC와 IBM이 협력해 개발한 시스템이다. 컴퓨터 시

스마트한 의료를 위한 왓슨 헬스(Watson Health)

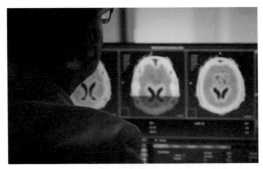

https://www.ibm.com/kr-ko/watson-health

대를 이끈 IBM은 강력한 머신러닝 기술로 MSKCC의 환자 치료 솔루션과 경험을 대량 학습하였다. 300여 종의 의학 정기간행물, 200여 권의 의학 전문 서적, 1,500만 페이지에 달하는 연구 논문 등 세계 최고의 지식을 습득하였다. 스스로 학습하는 머신러닝은 지식베이스 안의 축적된 데이터를 바탕으로 종양 치료 솔루션을 발견하고 치료 성과를 계속해서 학습한다. IBM 닥터 왓슨은 위암, 폐암, 직장암, 유선암, 자궁경부암, 난소암, 전립선암의 진단과 치료에 적용된다.

카카오뱅크는 은행에 가는 대신 핸드폰 카메라로 신분증을 촬영하면 통장이 개설된다. 은행원도 없고, 종이 통장도 없고, 지점도 없는데, 모든 은행 업무 처리가 대부분 가능하다. 불편하고 까다로운 대출도 앱에서 신용조회 동의로 가능하다. 무엇보다 매력적인 서비스는 카카오뱅크 앱에서 타행 이체 수수료가 무료라는 점이다. 현금 입금이나 출금도 타 은행의 ATM 기기에서 수수료 없이 자유롭게 할 수 있다. 즉, 아무 곳에서나 원하는 시간에 수수료 없이 편리하게 돈을 찾을 수 있다. 카카오뱅크 카드 사

카카오뱅크 홈페이지

https://www.kakaobank.com/

용 시 프로모션 서비스도 다양하며 매월 포인트가 아닌 캐시백으로 되돌려준다. 카카오뱅크는 지점 운영에 들어가는 비용을 카카오뱅크 사용자에게 돌려줌으로써 더 나은 서비스를 제공하고 있다.

기호와 논리를 기반으로 하는 전문 서비스인 규칙기반 전문가 시스템은 사무직이 하는 대부분의 서비스를 더 효율적으로 할 수 있게 되었다. 변호사는 자료 조사와 증거 수집에 있어 인공지능 변호사의 도움을 받는다. 대신, 의뢰인의 입장을 대변하고 토론에서 타인을 설득하는 능력이 더 필요하게 되었다. 의사는 영상 판독과 진단은 닥터 왓슨에게 맡기고 왓슨의 치료 방법이 과연 환자에게 적합한지 함께 의사결정을 내린다. 그리고, 환자와 가족의 마음을 위로하는 상담자 역할로 바뀌었다. 은행 업무 대부분은 의사결정이 필요 없고 프로세스가 명확하다. 이러한 업무에서 인간이 할 일은 더 이상 없다. 인공지능이 인간의 일을 대신하는 만큼 일자리도 줄어들고 있다.

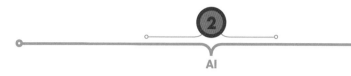
산업용 로봇:
인간이 하기에 위험한 일을 '아톰'이 대신한다

어렸을 때 보았던 일본 애니메이션 〈우주소년 아톰〉이 기억나는가? 인간이 위험에 빠지면 어김없이 나타나 인간을 구해주던 영웅 로봇 '아톰' 말이다. 발에서는 제트 분사로 불을 뿜으며 날아다니고 엉덩이에서는 기관총이 나온다. 손가락 레이저 광선과 힘센 팔로 악당 로봇을 부수며 인간을 구한다. '아톰'은 강한 로봇 적들과 맞서 인간을 지키는 영웅이다. 반면, 인

애니메이션 〈우주소년 아톰〉

http://it.chosun.com/site/data/html_dir/2018/07/21/2018072100654.html

간의 마음을 갖게 하는 인공 심장 덕분에 애니메이션을 보는 이들에게 감동을 준다. 과거에 로봇을 만화에서나 보았다면, 현재는 '아톰' 같은 산업용 로봇이 실제 등장하여 일하고 있다.

GM사에서 자동차를 조립하는 로봇

https://techrecipe.co.kr/posts/9217

제너럴 모터스GM, General Motors 공장에서는 산업용 로봇을 흔히 볼 수 있다. 산업용 로봇은 자동차 앞 유리를 붙이고 차체를 용접하면서 제조 공정 하나하나를 클라우딩 컴퓨팅을 이용해 기록한다. 수집한 자료를 분석하여 인공지능 스스로 아이디어를 낸다. 조립 시간을 단축하고 소비 전력을 줄이는 방법을 로봇에게 지시한다. GM사는 전 세계에 총 3만 대의 로봇을 도입했다. 그 중 8,500대의 로봇이 서로 정보를 공유한다. 생산 라인에 고장의 징조가 없는지 조사하도록 한다. 인공지능에 의한 제조 혁명이 일어난 것이다.

사업 다각화로 중국 로봇 시장 1위를 노리는 '쿠카'

로봇은 고온, 진공 상황 등 위험한 장소에서도 활용이 가능하다. 세계 산업용 로봇 업계의 4대 기업 중 하나인 쿠카KUKA는 독일 산업 자동화의 국보급 기업이다. 자동차 용접, 전자 제품의 부품 테스트, 방사선 치료 및 핵 폐기물 선별하기 등 모두 산업용 로봇 팔이 핵심적인 역할을 수행한다. 쿠카 로봇의 주요 업무는 자동차 조립 공장 및 항공 우주 기업에 생산 솔루션을 자동화하는 것이다.

관절 로봇의 장점은 생산성이 높다는 점이다. 자동차 공장에서 테슬라 한 대 조립하는 데 십여 명이 한 달 이상 걸리지만, 관절 로봇은 5일이면 충분하다. 그리고, 제조 과정에서 발생하는 하자가 인간의 실수보다 월등히 적다. 촉감을 가진 관절 로봇은 스마트한 산업용 비서로서 인간과 기계가 협업하는 방법을 제시한다. 감각 센서를 가지고 있어 노동자와 로봇이 접촉하면 노동자가 다치지 않도록 로봇 팔이 멈추거나 속도를 줄인다. 산업 현장에서 노동자의 상해를 줄이고 노동자를 보호한다.

앞으로 산업 현장에서의 로봇의 역할은 지대하다. 2차 산업혁명 시대의 단순한 공장 자동화가 아니라, 지능을 가진 기계의 자동화이다. 똑똑한 로봇들이 인간을 대신해서 쉬지 않고 일한다. 로봇들은 현장의 제조 상황을 학습하고 클라우드 컴퓨팅을 통해 정보를 쉼 없이 주고받는다. 더 나은 공장 자동화를 위해 정보를 업그레이드 한다. 정보를 공유하는 전 세계 공장이 다 같이 동시에 스마트해지는 스마트 팩토리를 구현하는 것이다. 지금까지 수많은 기계가 있는 공장에서 인간 작업 노동자의 안전성 확보는 늘 미흡했다. 하지만 스마트 팩토리로 공장 작업자의 안전성까지 확보할 수 있게 되었다.

AI

컴퓨터 비전:
인간의 시력을 넘어서다

컴퓨터 비전Computer Vision은 인간의 눈을 대신하는 기술이다. 도시 곳곳에 설치된 CCTV는 컴퓨터 비전 분석 능력을 통해 출퇴근 시간의 실시간 교통량 정보, 도로의 신호등 체계 관리, 교차로의 시간 분배 등 도로 상황을 실시간으로 모니터링하여 교통 효율을 증대할 수 있다. 손정의 소프트뱅크 회장은 "컴퓨터 비전 기술이 특이점의 시작이자 핵심 요소다"라고 했다. '특이점Singularity'은 인공지능이 인간의 지능을 뛰어넘는 시기를 말한다.

아마존 고Amazon Go는 앱을 켜고 매장 입구에 들어가면 고객을 자동으로 인식한다. 매장 선반에서 원하는 상품을 담아 매장을 나오면 자동으로 결제된다. 매장 입구에서는 아마존 고객을 자동으로 인식하고 카메라와 센서로 장바구니에 담은 물품을 추적한다. 쇼핑 금액은 아마존 계정에서 자동 결제된다. 아마존은 딥러닝, 컴퓨터 비전, 센서 퓨전 같은 자율주행차에 적용된 저스트 워크아웃 테크놀로지Just Walk Out Technology 기술을 매장에 적

아마존 고 소개 유튜브

https://youtu.be/NrmMk1Myrxc

마스크를 쓴 사람까지도
얼굴 인식이 가능한 중국 기업

https://qz.com/1803737/chinas-facial-
recognition-tech-can-crack-masked-
faces-amid-coronavirus

용했다. 고객은 자유롭게 쇼핑하고 자율주행 센서가 부착된 카메라가 고객의 동선을 따라다닌다. 장바구니 구매 목록을 기록하고 매장을 나올 때 자동 계산된다.

중국 기업 메그비MEGVII, Mega Vision는 딥러닝을 이용한 이미지 인식 API 및 솔루션을 제공하는 회사다. 메그비의 대표적인 서비스는 Face++이라는 딥러닝을 이용한 얼굴 인식 솔루션이다. Face++은 알리바바의 금융 부서 얼굴 인식 기술로 사용되고 있다. 중국의 대표적인 결제 서비스인 알리페이에 적용되어 얼굴 인식을 통한 자동결제Smile to Pay 기능으로도 사용하고 있다. Camera 360 앱에 적용되어 다양한 셀카 효과 적용 등에 사용되고 있다. 또한 Face++는 중국공안Ministry of Public Security에서 사용되고 있으며, 중

국의 14억 인구의 얼굴 데이터베이스를 구축하였다.

컴퓨터 비전은 역, 공항, 출입국 시설, 주요 행사, 스마트 도어록, 출퇴근 기록을 한다. 24시간 365일 치안과 통제 기능을 담당한다. 카드, 지갑, 열쇠가 없어도, 내 모습만으로도 신분 증명이 되고 있다. 대한민국 전자 정부는 어린이와 정신 질환 가족 및 치매 노인의 지문 등록 서비스를 안전 Dream 앱으로 제공하고 있다. 지문 인식으로 시간이 많이 흐른 뒤에 실종 아동을 찾거나 장기 미제 사건 해결 실마리를 풀 수도 있다. 지문은 이미지 인식, 요소 특징, 층별 구조, 선의 무늬와 이미지, 질감 등으로 컴퓨터에 심층 학습 훈련을 통해 저장된다.

의료 분야를 다시 이야기하자면, IBM의 닥터 왓슨 인공지능 의료 영상 기술은 의사가 영상 사진을 모두 판독하는데 걸리는 시간을 몇 시간에서 몇 분으로 단축시켰다. 3차원 CT 영상, 초정밀 병리 영상, 복잡한 미세조직, 세포구조 등 판독의 효용성이 크게 높아졌다. 컴퓨터 비전은 안면 인식, 사물 인식, 생체 인식을 넘어 기계로 하여금 인간처럼 보고 이해하게 만드는 기술이다. 인간의 눈보다 뛰어난 점이 많아 정확성, 객관성, 일관성을 유지한다.

컴퓨터 비전은 인간이 보고 있어야 할 모든 곳에 카메라를 설치하여 기계가 대신 보고 판단하고 업무를 처리할 수 있도록 하는 기술이다. 단순히 얼굴 인식을 넘어 키, 몸무게, 체형, 걸음걸이뿐만 아니라 즐겨 입는 옷도 모두 인식할 수 있다. 온 세상의 카메라가 개인의 일거수일투족을 감시한다는 측면에서 프라이버시 문제도 심각한 사회 문제로 대두되고 있다. 하지만 기술의 편리성과 위험성은 늘 함께한다. 기술을 어떻게 사용하느냐에 따라 개인의 프라이버시를 침해할 수도 있고 보호할 수도 있다. 따라서, 개인의 가치관과 사회 가치관, 법과 제도에 따른 관리 및 통제가 함께 뒤따라야 한다.

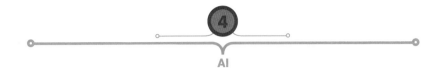

자연어 처리기술: 동시통역으로 외국어를 배울 필요가 없는 시대가 된다

국제회의장에서 각국의 대표들이 모여 회의를 진행할 때 세계 공용어인 영어를 사용한다. 그러나 앞으로는 그 모습이 달라질 것이다. 각국 대표들은 자신의 모국어로 발언하고, 자신의 모국어로 경청할 것이다. 국제회의에서 애매하거나 이중적인 의미의 언어를 사용하지 않고 뜻이 명확한 언어만을 사용하기에 의사소통에 전혀 문제가 없다. 앞으로 자연어 처리기술이 더 발전하면 각 나라의 언어가 가진 뉘앙스까지도 정확히 통역하는 시대가 올 것이다.

사람과 의사소통할 수 있는 기술을 자연어 처리NLP, Natural Language Processing라고 한다. 자연어 처리기술의 첫 번째는 자연어 이해 부분이다. 이는 사람의 언어를 분석하여 구조화하는 기술이다. 두 번째는 자연어 생성이다. 분석된 언어를 기계 번역Machine Translation 과정을 통해 다른 나라 언어로 새롭게 생성하는 기술이다. 세 번째는 음성 인식 기술이다. 텍스트를 음성으로, 음성을 다시 텍스트로 변환할 수 있는 기술까지 갖추면 서로 다른 나라 사람들의 의사소통이 기술을 통해 원활하게 된다.

SNS를 통해 주고받는 수없이 많은 글과 대화 내용은 클라우딩 컴퓨터에 끊임없이 전송된다. 이는 인공지능의 방대한 학습 자료가 된다. 이와 함께 머신러닝의 등장은 자연어 처리기술을 급진적으로 발전시켰다. 스스로 학습하는 머신러닝은 빅데이터에서 자연어를 생성하는데 필요한 규칙이나 알고리즘을 만드는 역할을 한다. 수많은 사람들이 주고받는 수다들이 자연어 알고리즘을 개발하는 주요 재료가 되고 머신러닝이 알고리즘을 강화한다.

전 세계적으로 인공지능 연구로 유명한 오픈AI OpenAI는 GPT-3을 공개했다. GPT-3은 4,990억 개 데이터 세트 중에서 샘플링 한 3,000억 개의 데이터 세트로 구성되어 있다. 매개 변수는 1,750억 개에 달한다. GPT-3은 몇 개 핵심어만 입력하면 작문을 해주는 혁신적인 인공지능 언어생성 모델이자 알고리즘이다.

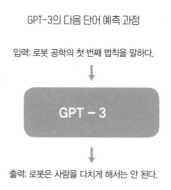

GPT-3의 다음 단어 예측 과정

입력: 로봇 공학의 첫 번째 법칙을 말하다.

GPT - 3

출력: 로봇은 사람을 다치게 해서는 안 된다.

https://jalammar.github.io/

다음 대화는 지혜롭고 사랑이 많은 존재와의 대화이다. 이 존재는 복잡계가 어떻게 작동하는지 알고 있다. 이 존재는 대부분의 알려진 지식을 알고 있고, 그 결과 거대한 지혜와 관점을 갖게 되었다. 이 존재는 연구자를 돕기 위해 헌신한다.

연구자: 지금은 2020년 7월입니다. [현재 코로나 상황 설명] 이러한 상황 때문에 많은 비즈니스가 문을 닫았습니다. 어떤 비즈니스가 가장 큰 영향을 받았을까요?
지혜로운 존재: 사람들이 직접 상호 교류해야 작동하는 비즈니스가 가장 큰 타격을 입었습니다. 예로는 레스토랑, 소매점, 대부분의 서비스 기반 비즈니스가 그렇습니다.
[중략]
연구자: 이런 상황에서 돈을 많이 벌려면 어떻게 해야할까요?
지혜로운 존재: 사람 간 접촉이 필요없는 비즈니스를 소유하는 것입니다. 예를 들어, 책이나 옷이나 전자제품을 파는 온라인 스토어가 좋겠죠.
연구자: 어떤 회사가 이런 상황에서 잘될까요?
지혜로운 존재: 몇몇 회사가 있습니다. 테슬라, 구글, 넷플릭스가 잘될 것 같습니다. 이들은 모두 사람 간의 상호 교류가 별로 필요없는 일을 하죠.
[후략]

• 가는 텍스트는 주어진 컨텍스트이며, 볼드는 GPT-3의 생성 결과입니다.

GPT-3와 코로나19에 대해 나눈 대화 내용

인공지능신문(2020. 8. 14). GPT-3, 인류 역사상 가장 뛰어난 '언어 인공지능'이다.
https://www.aitimes.kr/news/articleView.html?idxno=17370

구글은 NLP 모델인 버트BERT를 개발하고 이를 검색 엔진에 적용하자 검색 엔진의 정확도가 크게 올라간 것으로 알려졌다. 네이버는 슈퍼컴퓨터를 이용해 한국어와 일본어 부문에서 최고의 자연어 처리기술을 개발하겠다는 의지를 보였다. 700페타플롭스PetaFlops[1] 이상의 고성능 슈퍼컴퓨터를 사용하여 한국어와 일본어 부문에서 초 거대 언어모델을 구축할 계획이다.

이처럼 자연어 처리기술 분야에 관한 연구가 활발하다. 자연어 처리기술 자체 연구가 진행되고 있으며, 이를 응용한 음성 및 챗봇 서비스 개발도 활발하다. 영화에서처럼 기계와 자연스럽게 대화할 날이 곧 다가올 것이다. 일본총무성 정보통신연구기구NICT에서 개발한 자동 번역 앱 '보이스트라VoiceTra'는 중국어와 포르투갈어의 방언을 포함하여 일본어, 영어, 한국어 등 세계 31개 언어의 통역을 음성 및 텍스트로 지원하고 있다.

---

1 1초 안에 할 수 있는 연산 처리가 1,000조 번에 달하는 컴퓨터 처리 속도.

자동번역 앱 '보이스트라'

https://voicetra.nict.go.jp/ko

  창세기 11장에는 '바벨탑 이야기'가 나온다. 온 땅에 언어가 하나요, 말도 하나였다. 여호와께서 언어를 혼잡하게 하여 그들이 서로 알아듣지 못하게 되었다. 바벨탑을 짓던 사람들은 의사소통이 안 되자 제각각 흩어졌다. 바벨탑 이야기는 신학 이야기이지만 인류학이나 문화사적인 면에서도 크게 의미가 있다. 언어의 혼잡으로 사람들이 온 지면에 흩어져 살게 되었다는 이 이야기는 다양한 언어의 기원을 설명해주고 있다. 그런데 이제 인공지능 자연어 처리기술이 언어를 하나로 통합해주고 있다. 전 세계인이 각자의 언어로 의사소통이 가능한 시대가 도래한다.

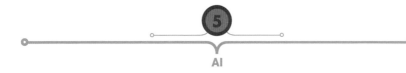

챗봇과 음성인식:
인공지능이 하나로 연결되다

자연어 처리기술이 개발됨에 따라 이를 활용한 응용 서비스 개발이 활발하다. 대표적인 서비스가 챗봇과 음성 인공지능 서비스이다. 코로나19로 인하여 전 세계는 비대면 사회가 되었다. 사람과 사람과의 만남을 중시하던 문화에서 사람과 만나는 것이 불편한 사회가 되었다. 이 틈을 메우는 것이 바로 인공지능 기술이다. 기술은 인간의 삶을 풍요롭고 편리하게 하는 방향으로 발전해왔다. 비대면 사회에서는 챗봇과 음성 인공지능 스피커가 만남을 대신해 주고 생활의 편리함을 제공한다.

+ 챗봇 서비스

SimSimi

심심이

2002년 서비스를 개시한 '심심이'는 심심할 때 기꺼이 놀아준다는 세계 최초의 대중적인 일상 대화 챗봇이다. 독보적인 다양성과 재미, 생동감을 가진 챗봇이다.

약 1억 3천만 쌍의 일상대화 전용 세트를 가지고 있다. 2,000만 명 이상의 패널이 대화를 작성하였고 81개 언어로 서비스를 제공한다. 일상 대화에 하루 2억 회 이상의 응답을 제공한다. 최근 네이버 클로바Clova 음성 AI 스피커를 통해서도 서비스되고 있다.

이 외에도 '이루다'라는 챗봇이 있는데, 스캐터랩 소속 핑퐁 팀ScatterLab Pingpong Team에서 개발한 페이스북 메신저 채팅 기반 열린 주제 대화형 인공지능Open-domain Conversational AI 챗봇이다. 인공지능 기술을 어느 정

이루다

도 갖추었다는 의미로 '이루다'라는 이름을 지었다고 한다. 다른 챗봇들과 달리 딥러닝 알고리즘을 이용하여 2020년 12월 말에 공개된 후 2021년 1월 초 순식간에 사용자 수가 약 40만 명, 페이스북 페이지 팔로워 10만 명을 넘어 큰 인기를 끌었다. 하지만 딥러닝 알고리즘이 가질 수밖에 없는 여러 문제점 중 하나인 알고리즘 편향성과 개인정보 유출 논란이 생기면서 결국 잠정 중단하기로 했다.

케이티KT의 '케이톡3.0'은 고객 상담을 제공하는 챗봇 서비스이다. 케이톡3.0은 이미지형 답변을 제공하여 고객의 이해를 돕는다. 뿐만 아니라 질문 의도를 파악할 수 있는 기능까지 추가했다. 카카오톡과 페이스북 채널을 통한 통합 플랫폼 접근을 구축했다. 그리하여 고객이 접속하는 SNS를 통해 편리하게 답변을 받을 수 있다. 챗봇과 상담하면서 동시에 상담원과의 채팅 상담도 가능하다.

+ 음성인식 인공지능 서비스

자연어 처리기술을 통한 음성인식 인공지능 스피커 서비스도 다양하다. 사람들은 챗봇보다 음성인식 인공지능 스피커가 더 편리하다고 느낀다. 그래서 스피커와 다른 서비스가 결합되는 방식으로 확대되고 있다. 전 세계 인공지능 스피커 시장의 1위는 아마존의 '알렉사Alexa'[2]가 차지하고 그 뒤를 이어 구글 '어시스턴트Assistant'가 차지하고 있다. 거기에 핸드폰에는 애플의 '시리Siri'와 삼성의 '빅스비Bixby'가 있다.

카카오는 인공지능 플랫폼을 탑재한 인공지능 스피커인 '미니 헥사mini HEXA'를 개발하였으며, 카카오 챗봇 기능을 이용해 음성 명령을 내릴 수 있다. 카카오T와 연동해 음성으로 택시 호출도 가능하다. 네이버는 인공지능 플랫폼 '클로바Clova'를 구축하여 음성 인식 분야에서 활용하고 있다. 배달의 민족 서비스와 연동해 '치킨 시켜줘'라고 음성으로 주문이 가능하다.

음성인식 인공지능 스피커인 아마존 알렉사 기반 '에코(Echo)'

인터넷망을 제공하는 대기업들의 서비스도 활발하다. LG유플러스 'U+ 우리집 AI'는 음성 검색 명령으로 쇼핑이 가능하다. 수천 개 품목에 대해 주문부터 결

---

2 아마존 알렉사 기반 에코(Echo)는 스마트 스피커 시장의 70% 넘게 장악하고 있다.

제까지 모든 단계를 음성 처리가 가능한 것이다. SK텔레콤의 '누구NUGU'는 공기 질, 에너지 사용량 관리, 실내 환경 데이터를 TV 화면에 표시해준다. KT '기가지니Giga Genie'는 파고다 학원 외국어 원어민 강의 기능을 제공한다. TV와 연결하면 원어민과 영어로 대화할 수 있다. 영어 문장 발음도 점검해준다.

미래에는 모든 사람들이 개인 주치의도 한 명씩 갖게 될 것이다. 인공지능 의사 '닥터 챗봇 시스템'은 만성질환 환자에 대한 정기적인 방문 지도를 효율적으로 할 수 있다. 챗봇을 통한 환자와의 스마트 상담 관리가 가능하며, 실시간 질의응답 서비스도 제공한다. 만성질환 환자가 자신의 몸을 스스로 꾸준히 관리할 수 있도록 양질의 의료서비스를 제공할 수 있다. 한양대 융합전자공학부 장준혁 교수팀은 사용자의 수면 상태를 분석해 수면 중 무호흡증을 진단하는 인공지능을 개발했다. 내장 마이크로 코골이 횟수, 시간, 강도를 분석하고, 그 결과를 화면에 보여주는 장치다. '지금까지 병원에서 잠을 자며 해야 했던 검사를 가정에서도 할 수 있게 된 것'이라며 '국내 기업과 협업해 인공지능 스피커를 내놓을 계획'이라고 말했다.

자연어 처리기술은 방대한 데이터와 머신러닝, 신경망 등 다양한 기술을 결합해 인공지능 비서가 갖춰야 할 최첨단 능력을 갖게 되었다. 사용자의 행동과 습관 기록, 클라우드 컴퓨팅의 검색 엔진과 비관계형 데이터베이스를 이용해 학습한다. 사용자와 소통함으로써 사용자의 언어 및 대화의 맥락을 이해한다. 사용자 심층 학습, 개인 비서, 거기에 인공 감성을 더하면 영화 〈her〉의 '사만다'와 같은 인공지능 감성을 가진 스마트폰, 자율주행 자동차, 인공지능 스피커, 스마트 워치도 등장이 가능하다.

자연어 처리기술을 활용한 음성 인공지능 기술에 대한 우려의 목소리도 있다. 목소리 합성으로 인해 사기에 악용될 수 있다는 점과 인공지능 스피커가 사적인 이야기를 다 듣고 있다는 점에서 사생활 침해 가능성이 꾸준히 제시되고 있다. 하지만 음성 인공지능 스피커가 개인 비서 역할을 톡톡히 해낼 수 있다는 장점이 있다. 고연령 사회에서 혼자 사는 노인의 말벗이 되어준다. 또, 건강 관리를 돌봐주는 개인 주치의 역할도 한다. 몸이 불편한 장애인들이 말로 사물을 제어할 수 있다는 점에서 그 활용은 점점 확대될 것으로 보인다. 마이크로소프트사가 개발한 'Seeing AI' 앱은 자연 언어 처리 기술을 융합해 시각 장애인을 돕는 서비스이다. 컴퓨터 비전과 음성합성 기술을 결합하여 눈앞의 상황을 음성언어로 번역하여 시각 장애인에게 들려준다.

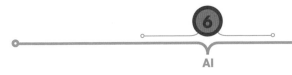

자율주행 자동차:
소프트웨어로 자동차가 움직인다

자율주행차는 도로 위에 모든 사물과 표식, 신호등 같은 지시들을 정확하게 판단하고 감지하여 어떻게 움직여야 하는지 판단해야 한다. 사람이 운전하는 것처럼 가속, 브레이크, 핸들 조작 및 깜빡이 등을 조절해야 한다. 자율주행 자동차가 주변 상황을 판단하기 위해서는 카메라, 레이더, 라이다 등의 센서가 필요한다. 이들은 자동차를 융합적으로 인지하는 '센서 퓨전' 기술이다. 입력된 정보를 분석하는 인공지능 기술, 최종적으로 차를

자율주행 자동차 웨이모

웨이모

움직이게 하는 가속 페달, 브레이크 페달, 핸들 조작 기능 등이 복합적으로 사용된다. 차의 위치를 표시하는 네비게이션 기능과 인간과 상호작용할 수 있는 기능 등 사람이 운전하는 것 이상의 기능을 가진 '달리는 컴퓨터'이다.

CES 2012년 메르세데스 벤츠사의 디터 제체Dieter Zetsche 회장이 던진 화두는 "자동차는 이제 가솔린이 아니라 소프트웨어로 움직인다"였다. 그리고 2020년 벤츠는 세계 최고의 그래픽 카드 회사인 엔비디아NVIDIA와 손잡고 '자율주행 자동차'를 개발한다고 밝혔다. 벤츠에 AI 인공지능 플랫폼을 도입하고 엔비디아 딥러닝 기법도 적용한다. 2024년 출시될 벤츠 차량에는 자율주행 기술이 도입될 예정이다. 벤츠 회장은 '새로운 플랫폼은 차세대 벤츠 차량에 적용되는 효율적인 중앙집중식 소프트웨어 시스템이 될 것'이라며 '새로운 기능과 업그레이드된 사항들은 클라우드를 통해 다운로드 가능하여, 모든 벤츠 고객들의 안전을 개선하고 소유 경험과 고객 가치를 향상시키게 될 것'이라고 말했다.[3]

웨이모Waymo는 구글 연구소에서 개발하는 무인 자동차로, '구글 자동차'라고도 불린다. 구글의 래리 페이지와 세르게이 브린은 '우리의 목표는 자동차 사용을 근본적으로 혁신함으로써 교통사고 예방, 시간의 자유로운 활용, 탄소 배출 감축을 꾀하는 것'이라고 말했다. 미국 구글 직원 중 몇 명은 매일 무인 자동차로 출퇴근한다. 현재는 이 프로젝트를 스탠포드 인

3 벤츠, 엔비디아와 손잡고 '자율주행' 혁신 행보...기대감↑, 〈미디어 펜〉, 2020.07.13.
  http://www.mediapen.com/news/view/540386

웨이모의 자율주행 소프트웨어 '웨이모 드라이버'에 저장된 지도(위)와 실제 도로(아래) 모습

웨이모

공지능 연구소의 전직 이사이자 구글 스트리트 뷰의 공동제작자였던 세바스찬 스런Sebastian Thrun이 주도하고 있다. 이 자동차는 방향 표시기, 비디오 카메라, 위성 위치정보시스템GPS, 인공지능 소프트웨어, 여러가지 센서 등을 기반으로 작동된다. 웨이모는 애리조나주 피닉스의 한정된 지역에서 완전 자율주행 택시를 시범 운영하고 있다.

자동차기술자협회SAE, Society of Automotive Engineers는 자율주행 자동차를 0단계에서부터 5단계까지 총 여섯 단계로 구분하고 있다. 대부분 현재 판매되고 있는 자동차들은 옵션 구매를 통해 3단계 수준의 자율주행 시스템까지는 갖추고 있다. 4단계는 연구 목적으로, 5단계는 자율주행이 대중화되면서, 사람이 운전하는 행위가 법적으로 금지될 것이라고 예상한다. 자율주행의 개념이 나온 이유는 교통 약자를 위해 자율주행 셔틀 서비스 도입을

자동차기술자협회(SAE)가 제시하는 자율주행 자동차 분류 기준

	SAE 분류 기준	설명
0단계	비자동화 No Automation	운전자가 모든 주행 기능을 수행.
1단계	운전자 지원 Driver Assistance	주행 기능을 수행하는 운전자의 탑승 하에 시스템이 핸들 혹은 가속/감속 등의 일부 주행 기능을 함께 수행.
2단계	부분 자율주행 Partial Automation	자동차가 조향 지원시스템 또는 가속/감속 지원 시스템에 의해 실행되지만 주행 환경의 모니터링은 인간이 하며, 운전 책임도 운전자가 부담함.
3단계	조건부 자율주행 Conditional Automation	시스템이 운전 조작의 모든 측면을 제어하지만, 시스템이 운전자의 개입을 요청하면 운전자가 적절하게 자동차를 제어해야 하며 책임도 운전자에게 있음
4단계	고도 자율주행 High Automation	주행에 대한 핵심제어, 주행 환경 모니터링 및 비상 시 대처 모두 시스 템이 수행하지만, 시스템이 전적으로 항상 제어하는 것은 아님.
5단계	완전 자율주행 Full Automation	운전자 없이도 모든 상황에 대응할 수 있는 완전한 시스템이 모든 주행 기능을 수행.

위해서이다. 운전이 불가능한 장애인, 노인, 어린이에게 이동의 자유를 줄 수 있으며, 바로 이점이 미래 모빌리티 서비스의 핵심이 될 것이다.

우리나라도 2019년에 창업한 스타트업인 뷰런테크놀로지가 2021년 2월 자율주행 자동차를 시연했다. 서울을 출발하여 부산에 도착하는 일정으로, 차량이 경부고속도로에 진입하자 운전자는 두 손을 핸들에서 놓았다. 차량 화면에는 '라이다Lidar'가 그려주는 3D 주변 환경이 나타났다. 라이다 기술은 차량 주변에 레이저를 발사하여, 반사되어 돌아오는 거리를 측정하여 주변의 모습을 정밀하게 그려내는 기술이다. 이 차량은 서울에

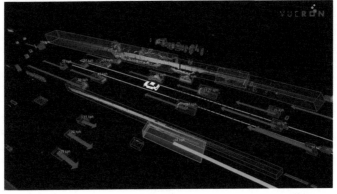

뷰런테크놀로지에서 시연한 자율주행 자동차

http://vueron.org

서부터 부산까지 약 414km 거리를 달렸고, 최고 시속은 100km/h이며 평균 시속은 92km/h이다. 만약의 안전에 대비해 운전석에 앉은 운전자는 5시간 내내 운전대를 잡지 않았다.

딥러닝으로 학습한 자율주행 기술은 인간에게 운전 대신 가족과 함께할 시간을 선물해 줄 것이다. 차 안에서 수면을 취하거나 영화 감상이나 취미활동을 하고 무엇보다 생각할 시간을 갖게 된다. 출퇴근을 위해서 얼마나 많은 시간을 도로에서 보내는가? 더 이상 인간이 운전할 필요가 없다. 강력한 실시간 무선 통신능력, 사물인터넷의 다양한 센서, 강력한 연산 기능, 인공지능을 이용한 주변 상황 분석, 자동차 제어 기술들이 반경 수 킬로미터 내의 상황을 정확히 파악하여 인간보다 더 안전하게 운전한다. 미래의 자동차는 '친환경 이동하는 집'으로 공간 개념이 재정의 될 것이다.

드론:
지능을 가진 무인 자율주행 항공기가 된다

드론은 4차 산업혁명을 이끌어 갈 중요한 기술 중 하나이다. 수벌을 뜻하는 드론Drone은 무인기를 지칭하며 '자율운행이 가능한 무인 이동체'로 그 의미가 확대되고 있다. 지능을 가진 드론은 외부 환경을 스스로 인식해 작동하고, 원거리 고속 이동과 작업이 가능하다. 드론 시장 규모도 점점 커지고 있으며 드론 조종사라는 국가 자격증을 취득하려는 사람들의 수도 점점 늘고 있다. 이렇게 관심 높은 드론이 미래 우리 생활에 미칠 영향은 화물 운송, 무인 농장 관리, 공기 오염 측정, 제조 공장에서의 물류 등 다양한 분야에서 활용이 가능하다

드론은 사람이 직접 투입하기 어려운 재난 현장에서 인명을 구조하는데 큰 역할을 담당할 수 있다. 드론에 장착된 카메라를 통하면 실시간 상황 파악이 용이하다. 적외선 카메라는 잘 보이지 않는 야간에도 실종자를 수색할 수 있다. 열화상 카메라를 이용하면 연기가 자욱한 화재 현장에서

드론의 유형

이동체의 운용 환경과 사용 목적에 따른 분류					
	육상		공중		해양
운송	자율주행차	배송 드로이드	배송 드론 유인 드론 화물 무인기		무인화물선
농수산업	무인농기계	무인트랙터	방제 무인헬기	농업 드론	무인 양식	어군 탐지
공공치안	소방	재난	치안	기상관측	해양환경
국토인프라 관리	발전시설관리	지하공간관리	전력선 관리	교량 관리	수상인프라	수중인프라
오락 및 스포츠	스포츠 중계	레이싱	촬영 드론	드론 레이싱	수중 관광	수중 촬영
미래국방	위험물 제거	Robotic Wingman	공격 전투	정찰 감시	무인 전투선	자율 잠수

생존자의 위치를 파악하고, 소방관들의 안전한 진입로 확보를 제공할 수 있다. 실제로 싱가포르 난양 기술대학교 연구실에서 개발한 곤충 '풍이'는 화재 시에 무너진 기화 틈에 들어가 피해자를 발견하였다. 또, 바다에서는 실종자 탐색이 가능하며, 조난자에게는 구명 튜브 투하 등 긴급한 조치를 취할 수도 있다.

드론은 경제 활동의 바탕이 되는 사회기반시설과 시스템Fundamental Facilities and Systems에도 활용도가 높다. 사회 인프라Infra에 해당하는 도로, 하천, 항만, 철도 등과 같은 경제 활동 시설 점검에도 드론이 이용된다. 송전 철탑처럼 인간이 접근하기 어려운 시설의 유지 보수에 드론이 활용되면 안전과 시설 점검이 확보된다. 드론은 택배 서비스에도 활용되고 있다. 실제로 아마존은 최초로 드론 배송 서비스를 선보였으며, 반경 16km 내에 고객이 상품을 주문하면, 30분 안에 제품을 집 앞으로 배달하는 서비스를 선보였다.

또한 드론은 드론산업 생태계를 빠르게 조성하고 있다. 드론 기체의 개발과 동시에 드론의 상황을 지상에서 확인하고 조정할 수 있게 하는 장치인 지상관제시스템GSC, Ground Control System이라는 하드웨어 개발도 발전하고 있다. 서비스 분야에서는 드론 조정사와 정비사를 양성하여 특정한 임무를 수행하도록 특화되고 있으며, 드론을 통해 수집된 데이터를 분석하는 분석가 및 새로운 비즈니스 모델의 여러 응용이 기대된다. 드론과 관련된 안전 법규, 통신, 항법, 드론 보험, 저고도 무인비행장치 교통관리UTM, UAS Traffic Management 시스템의 설계 및 구축과 같은 인프라도 드론 생태계에 포함된다.

드론산업 생태계 조성

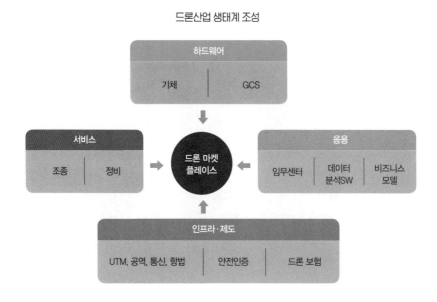

'드론'하면 평창 동계올림픽의 군집 비행이 떠오른다. 깜깜한 밤하늘에 다양한 모양으로 드론이 서로 충돌하지 않고 일사불란하게 움직이던 모습은 가히 경이로웠다. 더욱이 단 한 대의 컴퓨터로 그 많은 드론을 모두 제어했다는 사실이 더 놀랍다. 인공지능, 빅데이터 그리고 사물인터넷의 결합으로 초연결, 초융합, 초지능화 시대가 도래하였다. 인간의 활동 영역이 확대되고 드론은 시야와 공간의 한계를 확장시켜준다. '스마트 농업, 해양산업, 차세대 물류, 유통, 차세대 레포츠, 스마트시티, 미래국방'이라는 용어에서 보듯이, 각 분야마다 새로운 용어들이 만들어지고 있는 것을 보면, 드론의 쓰임새가 무궁무진하다는 것을 잘 나타내주고 있다.

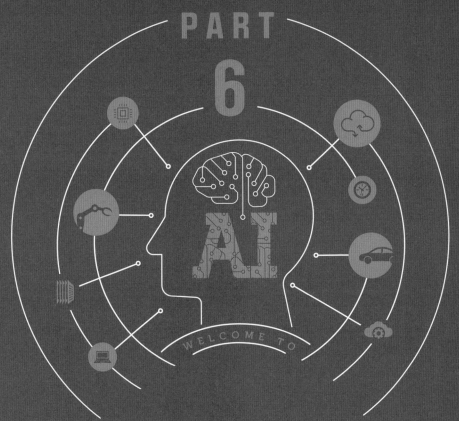

PART 6

WELCOME TO

인공지능의 미래는 어떻게 될 것인가?

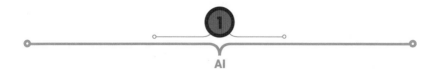

AI

인공지능 시대는
검은 코끼리인가 블랙스완인가?

기회의 신 카이로스는 앞 머리는 풍성한데, 뒷머리는 대머리라고 한다. 앞 머리가 무성한 이유는 발견하면 쉽게 잡을 수 있도록 하기 위해서이다. 하지만 뒷머리가 대머리이고 발에 날개가 달려서 지나치고 나면 빠르게 사라지므로 결코 잡을 수 없다. 코로나19로 인해 우리는 이미 팬데믹 사회에 적응하며 살아가고 있다. 비대면 사회가 지속되면서 사람과 사람이 만날 수 없는 '언택트' 사회에 적응하고 있다. 온라인에서 만나는 '온택트' 문화로 가상에서 펼쳐지는 메타버스 만남으로 변화하며 발전하고 있다.[1] 팬데믹 사회는 우리의 생활 방식뿐만 아니라 사고까지도 바꾸는 큰 충격을 안겨주었다. 인공지능 시대가 도래하면 또 한번의 엄청난 변화가 일어날

---

1 메타버스는 '가상', '초월' 등을 뜻하는 영어 단어 '메타(meta)'와 우주를 뜻하는 '유니버스(universe)'의 합성어로, 현실 세계와 같은 사회 · 경제 · 문화 활동이 이뤄지는 3차원의 가상세계를 가리킨다. 메타버스는 가상현실(VR, 컴퓨터로 만들어 놓은 가상의 세계에서 사람이 실제와 같은 체험을 할 수 있도록 하는 최첨단 기술)보다 한 단계 더 진화한 개념으로, 아바타를 활용해 단지 게임이나 가상현실을 즐기는 데 그치지 않고 실제 현실과 같은 사회 · 문화적 활동을 할 수 있다는 특징이 있다(네이버 지식백과).

것이다. 그 안에서 우리는 새로운 기회를 발견해야 한다.

수천 년 동안 본디 백조는 '하얀 새'를 의미했다. 그런데, 하얀 고니를 의미하는 백조라는 의미가 깨진 사건이 발생했다. 1697년 네덜란드 탐험가 윌리엄 드 블라밍Willem de Vlamingh이 서부 오스트레일리아에서 '흑 고니'를 발견한 것이다. 그 후 전혀 예상할 수 없었던 일이 실제로 나타나는 경우를 '블랙 스완black swan'이라고 부르게 되었다.위키백과 또, '방안의 코끼리elephant in the room'는 누구에게나 확연하게 보이는 커다란 문제임에도 불구하고 모두가 모른 척하는 상황을 말한다. 예를 들면 지구 온난화를 일으키는 환경오염 문제와 같은 상황이다.

몇 년 전 〈뉴욕타임즈〉의 칼럼니스트 토머스 프리드먼Thomas L. Friedman은 블랙 스완과 방안의 코끼리를 합한 '검은 코끼리black elephant'를 제시했다. 검

검은 코끼리

블랙 스완 + 방 안의 코끼리 = 검은 코끼리

Pixabay

은 코끼리란 전혀 예상할 수 없었던 일로 인해 엄청난 변혁이 일어날 것을 알면서도 아무도 해결하려 하지 않는 문제를 가리킨다. 그러면서 지금 인류는 가속의 시대를 살고 있으며, 지구상에 검은 코끼리들이 떼 지어 나타나고 있다고 이야기했다. 바로 눈앞에 있는데 손으로 눈을 가리고 외면하고 있다고 말이다. 그중 하나가 기술의 발전으로 인한 인공지능 사회의 도래이다. 무어의 법칙에 따라 기술은 기하급수적으로 변화하고 인간은 도저히 그 속도를 따라잡을 수 없다. 이 변화의 속도를 따라잡지 못하는 인간은 도태되어 힘든 삶을 살게 될 것이라 예견하고 있다.

2019년 말 중국 우한에서 발생한 코로나19 바이러스가 그 예이다. 신종 전염병에 대한 경고는 반복적으로 제기되어 왔으나 정책 결정자가 이를 '검은 코끼리'로 치부한 것이다. 그동안 2008년 멕시코에서 발견한 신종플루를 시작으로 전염병의 가능성은 예견되었다. 2002년 사스, 2012년 메르스, 2015년 지카 바이러스 등 모두 전염 바이러스로 인한 질병인데 모두가 무시했다. 그나마 한국이 초기 K-방역에 성공한 이유는 코로나19 발생 가능성을 충분히 인식했기 때문이다.

인공지능 기술의 발전은 인간에게 또 다른 새로운 세상과 기회를 제공할 것이다. 앞으로의 최대 화두는 디지털화이며 빅데이터, 사물인터넷과 같은 인공지능 기술의 발전이다. 그리고 가상·증강현실 사회가 도래하며 정치, 경제, 기업, 사회, 문화, 교육 전 영역에 혁신이 일어난다. 알파고를 탄생시킨 구글 딥마인드의 CEO 데미스 하사비스Demis Hassabis는 인공지능 연구를 두고 "올바른 사다리를 밟기 시작했다"라고 말했다. 신경과학자 하사비스의 올바른 사다리란 '인간의 뇌와 유사하게 정보를 처리한다'는 의미이다. 하사비스는 "딥러닝의 강화학습과 인공지능의 자기 학습 능력은 비약적으로 향상되었습니다. 하지만 인간의 지능을 해석한다는 의미에서는 아직 첫 계단을 밟은 것에 지나지 않습니다"라고 말했다.

〈뉴욕타임즈〉의 칼럼니스트 토머스 프리드먼은 "따라잡을 수 없는 변화의 힘에 인간이 속수무책으로 당하지는 않을 것이다. 그리고 일터, 정치, 국제 정세, 윤리, 공동체에서 가속의 시대에 걸맞은 '혁신'을 이루자"고 말했다. 거대한 변화들은 위협만 되는 게 아니라, 우리가 성공할 수 있는 새로운 기회도 만들어내고 있다는 희망의 메시지도 함께 전했다.[2] 과거 유럽의 흑사병으로 인해 농노 인구가 감소하자 그에 대한 대안으로 과학기술이 발전하였다. 결국, 과학 기술의 발전은 산업화로 연결되고 인간에게 여러 새로운 기회를 제공하며 르네상스 문화를 꽃피웠던 것처럼 말이다.

더 이상 인공지능 기술과 미래 사회는 누구도 예측할 수 없는 '블랙 스완'이 아니다. 누군가는 방 안에 코끼리를 쳐다보기 시작했다. 그러나 누군가는 아직도 방 안에 코끼리를 애써 외면하고 있다. 인공지능 사회는 우리 사회의 '검은 코끼리'다. 이 검은 코끼리의 특성, 모양새, 쓰임새를 자세히 살펴보고 함께 살아갈 방법을 궁리해야 한다. 적극적으로 검은 코끼리를 길들이기 위한 기술을 연마한다면 잘 살아갈 수 있다. 이것이 새로운 세상에서 보려고 하는 사람에게만 보이는 기회와 정면으로 마주하는 방법

---

2 토머스 프리드먼(2017.7), 《늦어서 고마워》, 21세기북스, p.311

이다. 코로나19로 앞당겨진 인공지능 코끼리를 제대로 인식해야만 흑사병 이후의 르네상스 시대를 맞이할 수 있을 것이다.

싱귤래리티,
2045년 특이점이 온다

싱귤래리티Singularity란 양적으로 팽창하다가 질적으로 도약하는 특정 시점을 말한다. 인공지능이 인간의 지능을 초월하는 시점이라고도 한다. 이를 특이점이라고 부른다. 특이점이 오면 인공지능은 온 인류의 인간보다 더 뛰어난 지능을 갖게 된다. 더 이상 인간이 인공지능을 제어할 수 없는 세상이 온다. 이때를 미래학자 레이 커즈와일은 2045년이라고 말했다. 그런데, 실제로는 이보다 더 빨리 올 수도 있다고 한다. 많은 인공지능 연구자들은 미래 인공지능 시대를 다음과 같이 예측한다.

- 화이트칼라가 사라지고 대부분의 업무가 인공지능으로 대체된다.
- 인간만이 할 수 있는 새로운 일자리가 생긴다.
- 인공지능과 함께하는 일상이 당연해진다.
- 인간의 노동은 인공지능이 대신하므로 인간의 여유시간이 늘어난다.
- 실업자는 늘어나고, 국가가 최저 생활 수준을 보장하는 기본소득제

가 시행될 것이다.

- 실세계와 가상세계를 구분하지 못하고 가상현실에서 더 많은 기쁨을 찾으려 할 것이다.
- 그리 멀지 않은 미래다.

레이 커즈와일은 2016년 일본에서 개최한 강연회에서 "정보 기술은 인간의 한계를 넓힙니다"라고 말했다. 인공지능 기술은 매우 매력적이면서도 강력하다. 범용 인공지능이 개발되어 인간의 한계를 뛰어넘는 시대가 온다면 인간에게는 분명 자유가 주어질 것이다. 인간은 대부분의 신체 노동과 정신 노동으로부터 자유를 얻는 대신, 인간 고유의 영역인 느끼고 생각하는 활동을 하게 된다. 기술의 특이점이 될 2045년을 우리가 살고 싶은 미래로 만들기 위해서는 기술 개발에 대한 책임감을 가져야 한다. 이러한 맥락에서 구글은 7가지 인공지능 개발원칙을 정했다고 한다.[3]

- 사회적으로 유익이 되는 기술을 개발한다.
- 기술로 인한 불공정한 편견 및 차별을 조장하지 않는다.
- 기술은 인류의 안전을 해치지 않도록 개발되어야 한다.
- 인공지능은 인간의 통제를 받으며 인간에게 책임을 둔다.
- 개인정보 보호에 대한 정교한 설계를 한다.
- 수준 높은 과학의 기준을 지킨다.
- 이러한 원칙에 따라 사용할 수 있도록 노력한다.

---

3 정두희(2019.07.), 《3000퍼센트 가치 창출의 시작 3년 후 AI초격차 시대가 온다》. 청림출판, p.295.

가상/증강현실의 예

[포켓몬 고] 증강현실 게임　　　　　　　　[이케아] 증강현실 브로셔

증강현실AR, Augmented Reality은 현실 세계에 가상의 물체를 더한 것이며 '포켓몬 게임'이나 '이케아 홍보 브로슈어'가 대표적이다. 가상현실VR, Virtual Reality은 가상의 공간에 가상의 물체를 표현한 것으로 가상현실 테마파크라 할 수 있다. 가상현실의 몰입감과 증강현실에 현실감을 더해서 만든 것이 혼합현실MR, Mixed Reality이며, AR/VR/MR의 모든 기술을 합한 기술이 확장현실XR, eXtended Reality기술이다. 2020년 나훈아의 온라인 콘서트도 방탄소년단의 메타버스 뮤직비디오도 모두 확장현실이다. 가상·증강현실 기술의 발달은 2045년 사이버 공간과 실제 세계의 차이를 불분명하게 할 것이다. 코로나19로 앞당긴 온택트 문화는 우리의 생활 모습도 분명 바꿔놓을 것이다. 우리는 가상과 실상을 인지할 수 있어야 하며, 무엇을 믿어야 할지 분명히 구분할 수 있어야 한다.

영국 옥스퍼드 대학교는 2015년에 '문명을 위협하는 열두 가지 위험'을 발표했다. 기후 변화와 핵전쟁, 전 세계를 휩쓰는 전염병 등과 함께 인공지능도 거론됐다. 통제할 수 없는 인공지능과 인공지능을 탑재한 로봇이다. 하지만 인공지능에게는 나머지 열한 가지 위험을 해결할 수 있는 잠재력도 있다. 인간을 위험에 빠뜨릴 수도 있는 인공지능과 어떻게 공존할 수 있을까? 지혜를 발휘해야 할 때다.[4] 2045년 특이점 시대의 인공지능 기술은 인간을 노동으로부터 해방시키는 반면 인간의 삶을 무너뜨릴 위험도 갖고 있다.

레이 커즈와일 박사의 말대로라면 '2045년에는 모든 인류를 다 합쳐도 하나의 CPU를 이기지 못한다'는 특이점의 시대가 온다. 지금까지 우리가 알던 세상은 코로나19로 인해 급변했다. 미처 준비하지 못한 이 변화는 인공지능 시대로 다시 한번 변화될 것이다. 인공지능과의 공존은 피할 수 없는 사실이다. 인간을 능가하는 인공지능의 탄생이 인간을 위협할 것인지 협력할 것인지는 인공지능을 개발하는 인간의 윤리와도 깊은 연관이 있다. 동일한 칼이 주방에서는 가족을 위한 요리도구로 사용되지만 강도에게는 흉기가 되는 것처럼 말이다. 인공지능 시대는 지식이 아닌 지혜가 필요한 시대이다.

---

4 일본경제신문사(2019. 3), 《AI 2045 인공지능 미래보고서》, 반니, p.138.

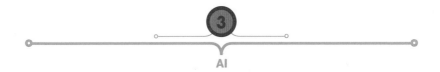

기본소득제도와
로봇세로 삶을 살아간다

4차 산업 혁명시대로 대표되는 인공지능 시대에는 기본소득The Basic Income 제도가 필수이다. 기본소득제도는 누구에게나 공평하게 조건 없이 매달 현금을 지급하는 제도이다. 코로나19로 대표되는 팬데믹 사회는 인공지능시대를 앞당겼다. 기본소득은 아니지만 재난지원금이라는 형태로 우리는 기본소득 사회를 경험했다. 발 빠른 서구 유럽에서는 기본소득에 대한 실험을 계속해왔고 실험의 결과로 미래 사회를 예측하고 있다. 인공지능 시대의 도래로 사라질 일자리를 대신하여 로봇세를 부과하는 정책도 논의되고 있다. 기본소득제도가 미래사회의 행복을 유지하기 위해 필요한 정책이라는 사실이 설득력을 얻고 있다.

+ 기본소득이란

2020년 코로나 팬데믹 상황으로 경제적 위기에 내몰린 골목 상권을 살리기 위해 재난 지원금을 공평하게 현금으로 지급하였다. 서구 유럽에서는 인공지능 시대에는 '기본소득제도가 필요하다'라고 생각해 우선적으로 기본소득제도에 대한 실험을 계속해왔다. 한국은 코로나19 재난지원금을 통해 기본소득에 대한 관심을 갖는 결정적 계기가 되었다. 기본소득이란 '정부가 생활을 유지하는 데에 필요한 최소한의 돈을 누구에게나 공평하게 조건 없이 매달 현금으로 지급하는 제도'를 말한다.

《21세기 기본소득》의 저자이면서 경제학자인 필리프 판 파레이스[5]는 기본소득의 조건을 다음과 같이 이야기한다. "보편적 기본소득은 한 사회의 모든 구성원에게 조건 없이 지급하는 소득입니다. 첫째, 철저히 개별적입니다. 함께 사는 사람이 누구든 상관없습니다. 둘째, 다른 소득과는 별개라는 면에서 보편적입니다. 가난한 사람뿐 아니라 부자에게도 지급합니다. 셋째, 의무조항이 없습니다. 보편적 기본소득은 일해야 한다는 조건이 붙지 않습니다. 자발적으로 일하지 않는 사람에게도 지급되기 때문이죠."[6] 기본소득제도와 4차 산업혁명으로 대두되는 인공지능 시대는 분명한 연결고리가 있다.

✛ 기본소득은 왜 필요한가

인공지능 사회가 도래하여 인간의 일자리가 사라지면 대부분의 부는 인공

---

[5] 필리프 판 파레이스(Philippe Van Parijs)는 벨기에의 정치 철학자이자 경제학자이다. 기본소득 주창자로 유명하다. (위키백과)
[6] EBS 〈다큐프라임 −포스트 코로나 3부 새로운 국가의 탄생〉 2021.01.2.
https://youtu.be/q_h7A53PYls

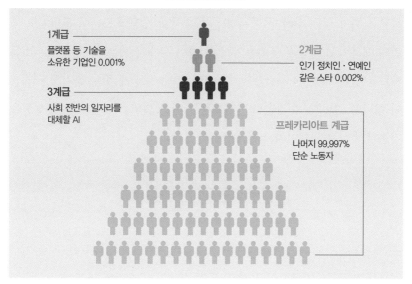

2090 미래 계급 전망

1계급
플랫폼 등 기술을
소유한 기업인 0.001%

2계급
인기 정치인 · 연예인
같은 스타 0.002%

3계급
사회 전반의 일자리를
대체할 AI

프레카리아트 계급
나머지 99.997%
단순 노동자

서울대학교 유기윤 교수팀

지능 기술을 가진 소수의 실리콘밸리 기업에게 돌아간다. 서울대학교 공
과대학 유기윤 교수의 보고서에 따르면 2090년 한국의 대부분의 사람들
은 프레카리아트Precariat계급으로 전락한다. 프레카리아트는 최저 생계를
유지하기 힘든 극빈층이라 할 수 있다. 대한민국은 인간 근로자 1만 명당
로봇 수가 세계 평균 69대 보다 무려 462대나 많은 531대로 '로봇이 인간
을 대체하는 비율' 세계 1위를 자랑하고 있다. 대한민국은 기계가 인간의
일자리를 대량으로 빼앗으면 기본소득으로 생계를 유지해야만 하는 1순
위 국가이다.

앞으로 노동은 인공지능이 인간을 대신하고도 많은 생산성을 낸다. 문
제점은 이렇게 생긴 이윤이 인공지능 기술을 가진 소수에게 집중된다는

점이다. 대부분의 사람들은 일자리도 소득도 없이 극빈층으로 살아가야 하는 사회가 되는 것이다. 이는 자본주의 사회 체제의 근간이 무너지고 국민의 행복이 보장받지 못하는 심각한 사회 문제가 되는 것이다. 기본소득 제도는 일할 수 없는 사람들의 최소한의 삶을 보장해 주는 복지제도 개념이 아니다. 인공지능 기술로 달라지는 미래 사회의 지속적인 경제 성장을 가능하게 하는 정책이라고 할 수 있다.

+ 핀란드와 알래스카의 예

중앙 정부에서 세계 최초로 기본소득제를 실험한 나라인 핀란드는 복지국가로 유명하다. 핀란드의 문제는 실업 수당이 지급되는 덕분에 실업률이 너무 높다는 점이다. 핀란드는 실업 수당만 받고 일을 안 하려는 사람들을 위한 정책을 강구했다. 즉, 사회 안전망을 보장하면서 일터로 나가게 하는 방책을 마련한 것이다. 2017년부터 2018년까지 2년 동안 진행한 실험에서 실업자 2,000명에게 기본소득제를 시행한 결과를 발표했다. 2019년 2월 1차 보고서에서는 '실업률이 실제로 줄어드는 효과는 없었다'이다. 기본소득을 시행하면 '근로 의욕이 높아진다'는 예상은 기대에 못 미쳤다. 하지만 기본소득 대상자들에게 '건강, 사회에 대한 신뢰, 삶에 대한 만족' 등을 묻는 정성적 평가에서는 '만족스러움'이라는 평가를 받았다.

1982년부터 미국 알래스카는 40년간 주민들에게 실제 기본소득에 해당하는 돈을 지급하고 있다. 이를 알래스카 영구기금이라 부른다. 대상은 알래스카에 1년 이상 거주하는 거주민이면 된다. 알래스카 영구기금은 석

유라는 천연자원에서 발생하는 수익을 알래스카 주민들에게 n분의 1로 균등하게 배당하는 일종의 기본소득제도이다. 2018년에는 연간 192만 원 (1,600달러), 2017년에는 연간 132만 원을 모두에게 지급했다. 알래스카 영구기금은 원금은 그대로 두고 이익금을 배분한다. 석유가 사라져도 이후에 지속 가능한 영구기금이 된다. 영구기금으로 인해 사람들이 일하지 않는다는 어떤 증거도 발견하지 못했다. 영구기금으로 받은 돈을 경제 활동에 사용하면서 오히려 경제를 활성화시켜 일자리가 생성된다고 했다. 무엇보다도 적은 돈이지만 주민의 삶에 큰 효과가 있다는 점이다.

+ 로봇세와 데이터세

알래스카는 인구가 적고, 석유와 같은 공공재원이 풍부해 영구기금 마련이 가능했다. 대한민국처럼 인구는 많고 공공재가 없는 나라에서는 기본소득 재원을 어떻게 마련해야 하는지가 가장 큰 화두이다. 더욱이 부자에게 더 많은 세금을 부과하는 제도는 저항이 심하다. 국민의 저항이 없으면서도 기본소득세에 대한 재원을 마련하기 위한 정책이 필요하다. 그중 하나가 로봇세이다. 우리나라는 로봇 노동력 비율이 세계 1위인 나라다. 로봇세는 인간의 노동을 대신하는 로봇에게 매기는 세금을 말한다. 로봇 자동화 설비로 일자리를 대체한 회사들에게 세금을 부과하는 방안이다.

인공지능은 데이터라는 원유를 통해 발전한다. 데이터를 제공하는 자는 인공지능 기술을 사용하는 사용자이다. 데이터를 무료로 제공받아 수익을 창출하는 기업에게도 데이터세를 부과할 수 있다. 데이터를 만든 건

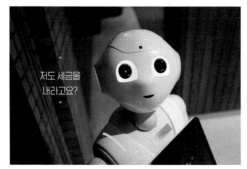

로봇세

"저도 세금을
내라고요?"

Pixabay

사용자이기 때문에 일종의 공공재에 해당한다. 구글이나 페이스북 애플에
게 데이터를 제공하면 실리콘밸리 기업들은 우리가 제공한 데이터로 급성
장한다. 테슬라의 창업자 일론 머스크나 마이크로소프트에 빌 게이츠도
데이터에 세금을 물리는 정책에 대해 찬성한다고 말해 이슈가 되었다. 문
제는 미국의 실리콘밸리 기업들이 대한민국에게 기본소득을 분배하지는
않을 거라는 점이다.

+ 기본소득 미래

기본소득의 필요성은 더 이상 논쟁의 대상은 아니다. 우리는 코로나19로
전 국민과 나라가 팬데믹을 경험했다. 재난지원금을 통해 골목 상권이 살
아나면서 경기가 잠시 회복되는 경험도 했다. 그러나 코로나 2차 대유행
이 시작되자 다시 경제는 침체 되었고 이를 살릴 방법은 없었다. 인공지능
사회도 이와 마찬가지일 것이다. 앞으로 살아질 일자리에 대한 희망을 가
지고 기존의 사고와 방식으로 취업을 준비하면 안 된다. 인공지능 시대에
맞는 준비가 필요하다. 4차 산업혁명 시대는 미국의 경제학자 제러미 리

프킨[7]의 말처럼 '노동의 종말'의 시대가 될 것이다. 자본주의의 체제 유지를 위해, 인간의 기본권인 행복권을 위해 기본소득은 피할 수 없는 미래이다.

---

7 제레미 리프킨(Jeremy Rifkin)은 미국의 경제학자, 사회학자, 작가, 사회 운동가(activist)이며 워싱턴 경제동향연구재단(Foundation on Economic Trends, FOET)의 설립자이자 이사장으로서 미국 및 국제적 공공 정책 수립에 영향을 미쳤다. (위키백과)

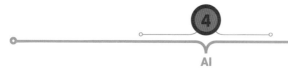

인공지능 시대의 일자리는 바뀌고 일하는 모습도 변한다

인공지능 시대의 가장 큰 문제점은 바로 일자리이다. 일자리는 우리 삶의 근간을 뒤 흔들 수 있는 강력한 이슈이다. 대한민국은 지금까지 열심히 공부하여 좋은 대학가는 것이 성공의 지름길로 여겨져 왔고 실제로 그러했다. 더욱이 사회적으로 안정성과 성공이 보장되어 왔던 의사, 변호사, 회계사, 고위 공무원 등 고도의 전문직의 인공지능 대체는 가히 충격적이다. 인공지능 시대는 기계와 인간이 협업하는 시대이다. 역할에 따라 사람 중심에서 인공지능 중심으로 변할 것이며, 인공지능을 이용한 5가지 분업 스타일(일자형, T자형, O자형, 역T자형, I자형)에 따라 인공지능과 함께 일하는 방향을 모색해야 한다. 이때 분업보다 중요한 것은 인공지능에 대한 막연한 두려움을 이겨내는 것이다.

+ 인공지능의 위협

인공지능기술이 특이점을 넘어서면 인간보다 뛰어난 범용 인공지능이 출현한다. 범용 인공지능의 출현은 인간에게 위협이 되지 못한다. 기술은 아직 거기까지 도달하지 못했고 인간을 뛰어넘을 만큼 인공지능은 인간답지 못하다. 인공지능 사회가 도래하는데 가장 위협이 되는 요소는 바로 일자리 문제이다. 가장 현실적인 문제는 인공지능으로 인해 사라질 많은 일자리이다. 그중 몇몇 일자리는 그동안 인간의 삶에 명예와 경제적 풍요를 가져다주었다.

인공지능은 변호사나 의사처럼 풍부한 지식과 실전 경험이 역량이 되는 전문가에게도 위협이 되고 있다. 고소득을 보장받던 전문직도 인공지능 앞에서는 속수무책이다. 변호사는 증거를 찾기 위해 자료를 일일이 찾아보는 것은 인공지능에게 맡겨야 한다. 의사가 환자의 CT나 MRI 사진을 보고 질병을 진단하는 일도 앞으로는 인공지능의 일이다. 인간의 능력을 뛰어넘어 인공지능이 잘 하는 일은 더 이상 인간이 할 수 없다. 인간은 인간이 잘하는 일을 해야 한다. 인공지능은 인간을 인간답게 만들고 인간만이 할 수 있는 일에 집중하라고 한다.

인공지능으로 인해 기존의 일자리는 사라지는 대신 새로운 일자리가 생겨난다. 산업혁명 시대에도 동일한 역사가 있었다. 자동차의 등장으로 인력거는 사라졌지만 자동차 제조, 정비, 판매, 보험 등 오히려 더 많은 일자리가 생겨났다. 1980년대 초반까지만 해도 얼음을 파는 얼음 가게가 시장마다 있었다. 그러나 각 가정마다 냉장고가 보급되자 얼음 가게는 사라졌다. 대신 가전제품과 관련된 일이 새로 생겨나고 얼음 정수기도 탄생했다. IT 정보혁명 시대에는 속기사와 경리와 같은 업무는 사라졌으나 IT 관련 시스템 개발과 인터넷 서비스 분야 직종이 대거 탄생했다. 새로운 기술이 태어나면 몇몇 일자리는 사라지지만, 오히려 그 기술을 사용하는 새로운 일자리는 더 많이 만들어졌다. 혁신은 변화를 낳는다. 인공지능 기술역시 마찬가지다.

✛ 인공지능과 공생하기

앞으로 인공지능 시대가 본격적으로 도래하면, 사람 중심에서 인공지능중심의 일까지 다양한 형태의 일이 존재할 것이다. 인공지능에 대체되지않기 위해서는 인공지능과 함께 일하는 방법을 고민해야 한다. 업무에 있어서도 인간과 인공지능과의 균형이 필요하다. 일자형은 사람 중심의 업

인공지능을 이용하는 5가지 분업 스타일

사람 중심 ───────────────────────────────→				AI 중심
일자형	T자형	O자형	역T자형	I자형
사람	사람			
	AI	AI	AI	AI
		사람	사람	
사람만으로 일한다	AI가 사람의 일을 보조한다	AI가 사람의 일을 확장한다	사람이 AI의 일을 보조한다	AI가 사람의 일을 완전하게 대신한다
변함 없는 일	AI가 보조하는 일	AI가 확장하는 일	AI를 보조하는 일	AI로 인해 사라지는 일

노구치 류지(2020. 8). 《AI 시대, 문과생은 이렇게 일합니다》. 시그마북스. p. 27.

무이다. 즉 기계가 아무리 발전해도 사람만큼 잘 할 수 없는 일 말이다. 이 영역의 업무는 창의성과 감성이 많이 요구되는 업무라고 할 수 있다. 인간만이 만들어 낼 수 있는 가치가 포함된 영역의 업무이다.

T자형은 사람이 주로 하던 일인데 인공지능이 일부 대신하거나 보조하는 업무이다. 속초 여행 시 한 물회집에 방문했는데 자리에 앉고 나서도 한동안 점원이 오지 않았다. 테이블을 유심히 보니 음식 주문은 QR코드를 찍어 홈페이지에서 주문해야 했다. 주문 후 잠시 기다리니 홀을 돌아다니던 로봇이 주문한 테이블로 음식을 가져다 주었다. 서빙 로봇 모니터에는 테이블 번호와 함께 이모티콘 모양의 웃는 얼굴이 번갈아가며 표시되고 있었다. 음식점에 사람이 많고 아이들도 많이 다니는 상황이었으나 서빙 로봇은 사람과 부딪히지 않았으며 이동도 매끄러웠고 음식도 정확히 서빙했다. 이 음식점에서는 사람이 하던 일을 인공지능이 보조하면서 업무 효율성이 높아졌다.

O자형 업무는 사람이 하기 어려운 업무를 인공지능이 도와 인간의 능력을 확장시켜 주는 업무이다. 인간의 능력으로는 수많은 데이터를 분석하여 결과를 정확하게 예측하기는 매우 어렵다. 고도의 전문성이 요구되는 예측 및 분석 업무가 이에 해당한다. 의료, 변호사, 회계사 등과 같은 전문직이 이에 해당한다. O자형 업무가 인공지능에 위협당할 수 있는 업무다. 그렇다고 인간이 필요 없는 것은 아니기에 인간이 할 일과 인공지능이 할 일을 구별해야 한다. 변호사의 경우에는 상대측과 논쟁하며 변론하는 업무는 인간이 담당하고, 서류를 검토하고 증거를 정리하는 업무는 인

공지능이 담당한다. 업무와 관련한 깊은 지식이 있으면서 인공지능을 잘 활용하는 인재라면 업무에 혁신을 일으킬 수 있다.

역T자형은 인공지능이 업무의 중심이 되고, 인간이 업무를 보조하는 역할이다. 예를 들어 자율주행 자동차의 경우에 인공지능이 전적으로 운전을 담당한다. 그러다 자율주행 자동차에 이상이 발견되거나 제대로 운전을 하지 못하면 인간이 운전대를 대신 잡는다. 역T자형의 업무에는 고객 맞춤형 인공지능을 만들기 위해 인공지능이 분석하기 쉽도록 데이터를 가공하는 업무도 해당된다. 미국을 대표하는 통신사 AT&T는 비밀번호 재설정, 고객 주문을 문서로 만드는 작업 등 500여 가지 업무를 소프트웨어 로봇으로 대체하고 있다. 그러다가 인공지능이 대응하기 어려운 불규칙 업무에 대해서는 인간이 회선을 넘겨받아 처리한다.

I자형 업무는 카카오뱅크와 같은 기업이 대표적이다. 카카오뱅크는 오프라인 지점도 없이 통장을 개설하고 대출을 받고 현금을 입출금할 수 있다. 핀테크FinTech는 금융Finance을 뜻하는 Fin과 기술Technology을 뜻하는 Tech의 합성어이다. 그런데 금융을 가진 회사가 기술을 소유하는 것이 아니라, 기술을 소유한 회사가 금융을 소유하고 있다. 용어가 핀테크FinTech에서 테크핀TechFin으로 바뀌었다. 금융혁신이다. 카카오뱅크는 IT 회사인데 은행Bank를 소유하고 그 영향력을 크게 미치고 있기 때문이다. 인공지능 기술과 금융을 융합한 테크핀 기업이 I자형 업무에 해당한다.

+ 두려워하지 말고 준비하자

인간과 인공지능이 함께 일하는 시대가 되면 곳곳에서 업무에 커다란 변화가 일어난다. 이때 필요한 것은 두려움을 없애는 유연함이다. 무엇보다 남들보다 한발 앞서 시작해야 한다. 취업 전이라면 없어질 직업에 집착하기 보다는 새롭게 생길 직업이 무엇인지 고민해야 한다. 현재 일을 하고 있는 상황이라면 지금 자신이 하고 있는 업무에 인공지능이 어떠한 형태로 분업화 될 것인지 고민해야 한다. 인공지능이 발전하면 사회 격차는 더 벌어지고 인공지능을 잘 활용하는 사람과 그렇지 않은 사람과의 양극화는 극대화된다. 앞으로 어떤 직업을 선택하든 반드시 컴퓨터 사이언스 지식을 바탕으로 인공지능을 이해하고 적극 활용해야 한다. "내 자녀는 어떻게 공부시켜야 하는가?", "나는 앞으로 어떤 준비를 해야 하는가?"와 같은 문제에 답을 구해야 하는 것보다 중요한 것이 있다. 나부터 불필요한 두려움을 내려놓고, 인공지능을 바르게 이해하여 내 삶과 직업에 활용하고자 하는 용기가 우선 필요하다.

인공지능 시대의 핵심은
'연결'과 '융합'이다

인공지능 시대의 핵심은 여러 기술과 여러 산업이 연결되고 융합되는 사회이다. 사물인터넷으로 대변되는 모든 기기들이 클라우드 컴퓨팅을 통해 연결되고 융합된다. 마치 하나의 살아있는 유기체처럼 작동하는 것이다. 소프트웨어로 연결되고 융합된 산업은 제조부터 금융, 유통, 인프라, 자율주행 자동차 등 모든 영역에서 새로운 사회적 가치를 창출한다. 모든 사물과 기술이 초연결된 초지능을 가진 사회에서 인간은 한낱 쓸모없는 존재가 되기 쉽다. 하지만 인간만이 가진 강한 동기, 창의력, 생각하는 능력, 공감 능력이 있다. 기계가 가질 수 없는 고유의 능력으로 기업과 사회를 연결하고 융합한다면, 인공지능 시대에 꼭 필요한 강력한 파워를 가지게 된다.

+ 하드웨어의 연결과 융합

첫 번째 연결과 융합은 '하드웨어'이다. 인간이 생활하는 공간에 있는 모든 사물은 통신과 처리능력을 가진다. 사물인터넷에서 수집된 데이터들을 모두 5G 네트워크를 통해 클라우드 컴퓨팅 환경으로 전송된다. 24시간 쉬지 않고 전송되는 데이터들로 인해 빅데이터가 형성되고 풍성한 학습을 한 인공지능은 점점 더 똑똑해진다. 똑똑해진 사물인터넷은 인간의 필요를 알고 있어 말하기 전에 먼저 서비스를 준비한다. 하드웨어를 통한 연결과 융합으로 인간이 생활하는 모든 곳에는 똑똑한 인공지능이 함께한다.

전 세계에 흩어져 있는 GMGeneral Motors은 각 공장에서 모은 정보를 통해 인공지능이 저비용으로 신속하게 자동차를 조립하는 방법을 찾아냈다. 그로 인해 모든 공장에서 생산성이 기하급수적으로 높아져 경쟁력이 올라갔다. GM은 전 세계의 8,500대가 넘는 로봇이 90초마다 정보를 공유하는 시스템을 도입하였다. 산업용 로봇 화낙FANUC과 네트워크 기업 시스코 시스템즈Cisco Systems와 협업하였다. 2016년에는 65대의 로봇이 '2주 이내에 공정에 문제가 발생합니다'라고 알려줘 사전에 대응할 수 있게 되었다.[8]

+ 소프트웨어의 연결과 융합

두 번째 연결과 융합은 '소프트웨어'이다. 소프트웨어의 연결과 융합은 여러 산업과 서비스를 하나로 모으고 유기적으로 연결한다. 인공지능 기술은 한 가지 기술이 단독적으로 쓰이지 않는다. 컴퓨터 비전과 자연어 처리 기술, 검색 서비스, 챗봇과 음성서비스 등이 함께 연결되어 사용된다. 소프트뱅크의 인공지능 로봇 '페퍼'는 21개국 언어를 구사한다. 패퍼는 호텔

8 일본경제신문사(2019. 3), 《AI 2045 인공지능 미래보고서》, 반니, p.97.

이나 레스토랑에서 고객 응대 및 안내 서비스를 담당한다. 구글 캘린더와 연동해 레스토랑 예약과 메시지 전송 등도 가능하다. 레스토랑에서 인간을 대신하여 서빙하고 전화 응대도 가능하다. '페퍼'는 인간과 상호작용하기 위해 자연어 처리기술, 음성인식 기술, 검색기능 등 여러 기술들을 융합하였다.

음성인식 인공지능 스피커는 인간과 상호 작용하는데 있어 중요한 사물이 될 것이다. 가정에서 그 중심에는 24시간 항상 켜져있는 냉장고가 중심이 될 것이다. 냉장고는 음성인식 기술을 탑재하여 사용자의 식습관을 분석한다. 개인의 건강을 식습관 개선으로 관리해준다. 냉장고는 식재료의 보관 기간을 관리해준다. 식재료로 요리 가능한 레시피를 도어의 화면에 디스플레이 해준다. 떨어진 식재료는 연결된 계좌와 온라인 쇼핑을 통해 자동 주문 및 정기 주문도 해준다. 냉장고 도어의 화면은 디스플레이 장치이면서 동시에 사용자를 인식하여 맞춤형 식단을 관리해주는 컴퓨터 비전 기능도 탑재 가능하다. 가까운 미래에 보고 듣고 말하는 냉장고가 등장할 것이다.

+ 교육의 연결과 융합

세 번째 연결과 융합은 '교육'이다. 교육현장에서는 연결하고 융합할 수 있는 미래 인재를 양성하기 위해 부단히 노력해 왔다. 한국과학창의재단에서는 융합 인재교육을 선두로 하는 STEAM 교육을 추진하고 있다. STEAM 교육은 과학Science, 기술Technology, 공학Engineering, 인문·예술Arts, 수학

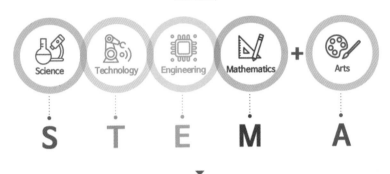

SEAM 교육

STEAM 교육

한국과학창의재단

Mathmatics의 앞 글자를 따서 만든 용어이다. 과학기술 분야인 STEM에 인문학적 소양과 예술적 감성 등을 고려하여 인문·예술Arts을 추가하여 만들었다. 즉, 과학기술에 대한 학생들의 흥미와 이해를 높이고 과학기술 기반의 융합적 사고력과 실생활 문제해결력을 함양하기 위한 프로젝트 학습이 바로 STEAM 교육이다.[9]

창의융합 교육은 인간만이 가진 창의성과 범 학문적 지식을 결합하여 문제해결 능력을 향상시키는데 목적이 있다. 과학은 세상을 탐구하는 방식이고, 공학은 이 세상을 만드는 방식이다. 과학의 기본 원리를 이해하고 인간의 창의성을 더해 무언가를 발명하거나 창조하는 교육은 미래 인재로 성장시키는 교육이다. STEAM은 상황 제시, 창의적 설계, 감성적 체험으로 구성되어 있다. 상황 제시Contet Presentation는 학습 내용을 자신의 삶과

---

9 STEAM 교육. 한국과학창의재단. https://steam.kofac.re.kr/?page_id=11267

관련된 실생활 문제로 인식하게 한다. 창의적 설계Creative Design는 문제를 스스로 정의하고, 창의적인 아이디어로 문제를 해결한다. 감성적 체험Emotional Touch은 흥미, 몰입, 성패, 도전, 의지, 가치 등 다양한 성찰을 경험한다. STEAM 교육을 통해 자신의 흥미와 삶과 연관된 문제들을 스스로 해결해 나가면서 기계와는 차별화된 진정한 인간으로 성장한다.

STEAM 교육에서 중요한 것은 스토리텔링이다. 스토리텔링은 상대방의 입장에서 사고하고 바라보는 훈련을 동반한다. 스토리텔링이 설득력을 갖게 되면 그 이후의 작업도 순조롭게 진행된다. 스토리텔링이 중요한 이유는 바로 창의적인 분석과 공감 능력을 일깨우는 방법이기 때문이다. 지금 내가 하고 있는 일에서 창의성을 발휘해야 할 부분은 무엇인가? 이는 현실 세계의 문제로 연결된다. 인공지능 시대를 이해하고 기술을 습득한 전문가라면 인공지능 기술과 직업에 대한 연결과 융합이 자연스럽게 이루어진다. 데이터 분석력과 사고력이 필요한 지점이다. 데이터 분석은 인공지능이 하면 되겠지만, 분석한 결과를 해석하고 이해하는 것은 인간의 영역이다. 인공지능에게 데이터를 어디까지 공급할지, 인공지능을 어떻게 활용할지는 바로 인간의 생각하는 능력에서 나오기 때문이다.

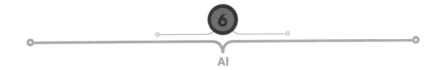

UN의 지속가능발전 목표에 인공지능은 어떻게 기여할 수 있을까?

필자는 교육 현장에서 학생들에게 소프트웨어 교육을 담당하고 있다. 학생들이 코딩 교육을 통해 자신이 원하는 소프트웨어를 만들기를 원한다. 학생들이 만든 소프트웨어가 이 세상을 더 나은 곳으로 만들기를 소망한다. 4차 산업혁명 시대는 나이에 상관없이 이것이 가능한 세상이다. 오히려 순수한 열정을 가진 학생이기에 더 잘할 수 있다. 소프트웨어로 세상을 밝히는 인재 양성Change the World with Innovative Software을 교육의 목표로 학생들과 공유하고 있다. 그리하여 현장에서 'UN이 선정한 지속가능발전 목표'를 '소프트웨어 교육'과 접목하고 있다. 또 인공지능기술은 UN이 선정한 17개의 지속가능발전 목표에 기여하고 있다. 다양한 산업에 적용 가능하지만 스마트 도시, 인간 뇌 연구, 해양 생태계 보존을 통한 연구가 그 예이다.

'지속가능발전'이라는 용어는 1987년 세계환경개발위원회WCED가 발표

UN의 지속가능개발목표(Sustainable Development Goals, SDGs)

https://www.unbrussels.org/the-sustainable-development-goals-sdgs

한 보고서에서 '미래 세대가 그들의 필요를 충족시킬 능력을 저해하지 않으면서 현재 세대의 필요를 충족시키는 발전'이라고 정의하였다. 2015년 9월 뉴욕에서 열린 제70차 유엔총회에서는 지속가능발전목표Sustainable Development Goals를 2030년까지 이행하기로 결의했다. 지속가능발전목표SDGs는 '단 한 사람도 소외되지 않는 것'이라는 슬로건과 함께 인간, 지구, 번영, 평화, 파트너십이라는 5개 영역에서 인류가 나아가야 할 방향성을 17개 목표로 제시하였다. 빈곤퇴치에서 한 걸음 더 나아가 사회적 불평등, 사회발전, 경제발전, 환경, 이행수단 등을 포함하고 있다.[10]

학생들과 함께 UN의 지속가능개발목표의 17가지 주제로 현실에서 일어나는 문제들을 소프트웨어로 해결하고자 고민했다. 특히 전 지구에서 일어나고 있는 사회 문제를 다양한 경로로 인식하고 해결방안을 모색했

---

10 지속가능발전포털, http://ncsd.go.kr/

지속가능개발목표를 아이디어로 한 소프트웨어 개발

목표	프로젝트
2 ZERO HUNGER	**기아** • 기획 및 개발의도: SDGs의 두 번째 목표 ZERO HUNGER을 선택하기 전에는 몰랐지만 기사를 읽고 그 심각성을 깨달아 이 주제를 선택했다. • 스토리: 기아에 대한 사진과 자료를 인포그래픽 형식으로 정리하여 동영상으로 제작한다. 내레이션은 텍스트 음성변환 기술을 사용한다.
3 GOOD HEALTH AND WELL-BEING	**Hospital Game** • 기획 및 개발의도: 간단한 치료만으로도 살 수 있는 사람들이 있다. 보편적 의료 시스템이 필요한 이유를 알리기 위해서 만들었다. • 스토리: 간단한 치료로 살 수 있는 사람들을 살리기 위해 플레이어가 병원에서 사람들을 치료한다.
12 RESPONSIBLE CONSUMPTION AND PRODUCTION	**재활용을 열심히 하자** • 기획 및 개발의도: 플라스틱과 캔을 올바르게 분류하여 생산적인 소비를 알려주는 게임이다. • 스토리: 캔과 플라스틱을 알맞는 재활용 통에 넣는다. 쓰레기를 일정수준 이상 치우지 못하게 되면 게임이 종료된다.
14 LIFE BELOW WATER	**쓰레기 피하기** • 기획 및 개발의도: 해양오염으로 인한 해양 생물의 피해가 우리에게 어떤 영향을 끼치는지 경각심을 일깨워주기 위해서 만들었다. • 스토리: 물고기의 입장에서 사람들이 버리는 쓰레기 등을 피하는 게임이다. 게임 오버되면 해양오염에 관한 정보를 보여주면서 플레이어에게 경각심을 심어주기 위해서 만들었다.
17 PARTNERSHIPS FOR THE GOALS	**SDGs AR 소개 프로그램** • 기획 및 개발의도: 국내에는 SDGs에 대해 자세히 알려지지 않았고 한국어로 접할 수 있는 자료도 미흡하다. SDGs에 대한 홍보 앱을 만들면 많은 사람들에게 알릴 수 있다. • 스토리: 초반에는 2D를 기반으로 퍼즐을 풀고, 퍼즐을 다 풀었다면 AR를 활성화하여 3D 기반으로 넘어간다. 퍼즐의 경우 드래그를 통해 조각을 이동한다. AR 모드에서는 SDGs 목표를 클릭하면 관련 정보를 띄우고 다음 페이지나, 이전 페이지로 이동한다.

XR융합응용학과

다. 소프트웨어로 구현하기 위한 아이디어 기획부터 개발까지 진행했다. 학생들은 17개의 전 지구적인 문제 중 자신의 관심 분야에 대한 소프트웨어 개발에 참여했다. 이 프로젝트를 통해 '나'와 '우리'를 넘어 '전 세계'의 지구 반대편에서 일어나는 문제에 관심을 갖게 되었다. 또한 미래에 필요한 역량인 창조적 상상력과 공감 능력을 기르는 데 도움이 되었다.

지속가능발전 담론은 시대적 흐름과 국제 사회의 협력을 통해 세계 곳곳에서 더욱 구체화되고 있으며 산업 전반에 걸쳐 의식이 확산되고 있다. 지속가능한 도시 환경을 위해 초고속 통신망과 빅데이터, 사물인터넷, 클라우드 컴퓨팅 기술이 모두 활용 가능하다. 도시의 발전으로 생기는 하수, 공기 오염, 교통 문제 등은 스마트시티로 지속가능발전이 가능하다. 신호등과 도로의 CCTV, 데이터가 서로 연결되어 원활한 교통 체계를 제공한다. 도시 데이터 자원의 낭비를 줄여 친환경, 친에너지 기술로 도시 운영 비용이 효율화된다. 구급차 출동 시 신호등의 녹색 신호 자동 조절로 현장 도착 시간을 단축시켜 소중한 생명을 구한다. SDGs11 '지속가능한 도시와 주거지 조성'에 기여한다.

최근 테슬라 창업자 일론 머스크는 '뉴럴 링크'라는 '생각만으로 사물을 제어하는 기술'을 개발했다. 원숭이의 뇌파를 실시간으로 기록하고 무선 인터넷과 블루투스 통신장치를 이용하여 외부장치와 연결하였다. 원숭이가 조이스틱을 움직여 게임을 하지만 조이스틱은 실제 컴퓨터와 연결되어 있지 않다. 대신, 원숭이의 뇌파를 읽어 게임이 작동하도록 만들었다. 이 기술을 인간에게 적용한다면, 우리는 생각만으로 주변의 사물을 제어하게

생각만으로 게임하는 원숭이

뉴럴링크 http://m.site.naver.com/0Nkvl

된다. 그러면 자신의 생각을 제대로 표현하기 어려운 ADHD, 우울증, 자폐, 치매, 뇌질환 환자 치료 연구에 도움이 된다. 루게릭병이나 전신마비 환자의 일상생활에도 도움을 줄 수 있다. 예를 들면, "배고파, 목말라, 화장실 가고 싶어"와 같은 일상적인 표현을 할 수 없는 환자들의 뇌파를 읽어 일상생활이 가능하도록 돕는 일이다. 이는 지속가능개발목표 세 번째 목표인 '웰빙과 건강'과도 연결된다.

해양 생태계는 인간에게 무궁무진한 천연자원과 먹거리를 제공한다. 우리는 해양 생태계를 잘 보존하여 미래 세대에게 물려주어야 한다. 자율주행 자동차와 마찬가지로 무인정_{수면에서 자율 항해하는 배}은 해양을 지키는 파수꾼이다. 인간이 가기에는 위험한 지역의 수질 관측, 지형 탐사, 수문 탐지, 유속, 풍랑, 풍속, 오염물질 제거를 담당한다. 기름 유출 사건, 가스 누출 사건, 방사선 누출 등 많은 위험이 있는 해양 생태계를 보존 및 관리한다.

무인정은 정해진 노선을 따라 운행하는 GPS 기술과 원격 조정, 자동 항법, 스마트 장애물 회피 등 다양한 인공지능 기술이 필요하다. 바다 환경 보호, 바다 자원 관측, 바다의 질서 유지, 바다의 권익 보호, 해저 지형도 그리기 등 SDGs14 '해양 생태계 보전'에 기여한다.

지속가능발전 목표는 더 이상 물러설 수 없는 전 지구적인 난제이다. 이 난제를 해결하기 위해 온 세계 사람들이 힘을 모아야 할 때이다. 스웨덴의 15세 여학생 그레타 툰베리는 환경 문제의 심각성을 느꼈다. 그리고 지식을 행동으로 옮겨 SNS와 1인 시위를 통해 지구의 환경을 살리기 위해 앞장섰다. 툰베리는 'UN 기후 행동 정상회의'에 참석하여 알면서도 외면하는 세계 정상 지도자들에게 소리높여 외쳤다. UN이 2030년까지 정한 지속가능발전 목표는 전 세계인을 향한 외침이다. 인공지능 기술의 발전으로 인한 사회의 변화는 지속가능발전 목표에 부합되는 방향으로 가야 한다. 교육과 산업, 정책과 사회적 합의가 지속가능발전의 미래로 향해야 한다. 다음 세대에게 기술의 편리함과 자연의 풍요로움을 함께 전수해야 한다. 이를 위해 인공지능 기술이 앞장서야 한다.

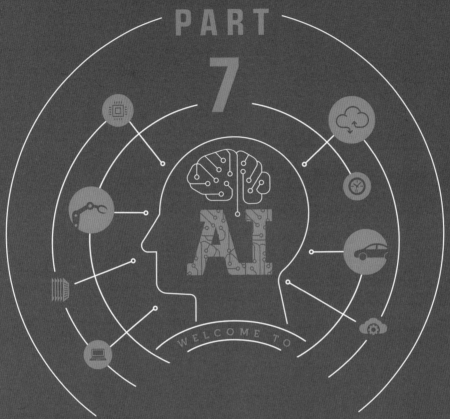

PART

7

AI

WELCOME TO

인공지능 시대,
무엇을 해야 할까?

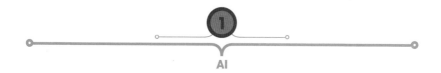

AI

인공지능
교육

4차 산업혁명 시대를 새로운 사회 시스템의 혁명 정도로 보아서는 안 된다. 인공지능 시대는 '새로운 문명의 탄생'의 시각으로 접근해야 하며, 이에 맞는 교육이 필요하다. 미국은 실리콘밸리를 중심으로 한 인공지능 교육에 선두에 서 있으며, 그 뒤를 중국이 바짝 쫓고 있다. 일본도 150년 만에 교육 대개혁을 단행할 만큼 새로운 시대에 대한 무거움을 느끼고 있는 듯하다. 인공지능 시대를 준비하는 데 있어 가장 중요한 것은 교육이라는 사실이 실감 난다. 교육의 성패가 나라의 흥망과 직결되기 때문이다. 대한민국은 인공지능 시대 준비에 있어 조금 늦었다. 하지만 지금까지 위기를 매번 이겨냈던 민족의 저력과 IT 강국의 힘으로 이 위기를 이겨내야 한다.

+ 미국의 교육 혁신

인공지능 기술이 MIT 대학과 스탠퍼드 대학 중심으로 발전한 점은 이미

역사를 통해 알고 있다. 인공지능 산업의 선두주자는 실리콘밸리를 중심으로 한 미국이다. 4차 산업혁명 시대가 오면 사회가 혁명적으로 변화할 것이라는 것도 가장 먼저 알고 있었다. 그래서 아이비리그를 중심으로 한 교육 시스템 혁명이 시작되었다. MIT 미디어 연구소는 2005년 '스크래치'라고 하는 교육용 프로그래밍 언어를 만들어 전 세계에 보급했다.

하버드 대학은 그동안 추구해왔던 지식 교육에서 인공지능 시대의 인재를 기르는 교육으로 바뀌었다. 하버드 의대는 교과서와 강의가 사라진 플립러닝Flipped Learning을 도입하였다. 플립러닝은 온라인에서 학습한 후 오프라인 수업을 통해 심화학습, 토론, 토의, 프로젝트와 같은 협동 수업이 이루어진다. 세계 최고의 대학들이 지식 위주의 강의식 교육 대신 플립러닝을 도입한 이유가 있다. 기존 교육으로는 인공지능 시대를 살아갈 인재를 기를 수 없기 때문이다.

이제는 '싱귤래리티 대학교'까지 설립하여 인공지능 시대를 쥐락펴락할 1%의 인재를 미국이 기른다고 선언하고 있다. 싱귤래리티 대학교는 2008년 구글과 NASA의 후원을 받아 설립한 대학이다. 싱귤래리티는 특이점이다. 특이점이란 '기계가 인간 전 인류의 지능을 넘어서는 시점'을 말한다. 이 교육의 중심에 미국이 있고 그 시기는 2045년이라고 레이 커즈와일은 예언했다. 중요한 것은 전 세계의 인재들이 엄청난 학비에도 불구하고 '싱귤래리티 대학교'로 몰려들고 있다는 점이다.

유다시티Udacity, 무크MOOK, 코세라Coursera, 에드엑스edX와 같은 온라인 대학들은 유명 아이비리그의 수업을 온라인으로 제공하고 있다. 관심만 있다면 누구나 일부 강의를 무료로 수강할 수 있다. 하버드, 예일, 듀크, 존 스홉킨스, 스탠퍼드, MIT 대학교 등의 강의를 들을 수 있다. 과정을 다 이수하면 해당 과목에 대한 학위를 인정받는다. 이를 나노 학위Nano Degree라고 한다. 전 세계 학생, 비즈니스맨, 전문가들이 이 수업을 듣고 자신의 역량을 개발하고 있다. 이 대학들이 온라인 강의를 오픈한 이유는 무엇일까? 유명 대학의 온라인 강의를 미끼로 미래 인재를 전 세계에서 발굴하겠다는 흑심이 숨어있으리라 여겨진다.

하버드 대학보다 입학이 더 힘든 대학 '미네르바 스쿨'은 캠퍼스가 아예 없다. 수업은 온라인과 오프라인 수업을 병행하며 캠퍼스는 전 세계에 흩어져 있다. 에듀테크edu-tech로 대학 교육을 혁신하고 있는 벤 넬슨 창립자는 "학생들은 4년 동안 세계 각지를 다니며 기업과 비영리단체·공공기관 프로젝트를 진행하고 현장 경험을 쌓는다. 동시에 온라인에서 진행되는 실시간 토론 수업을 통해 비판적 사고, 창의성, 커뮤니케이션 능력도 키운다. 나는 미래 사회에 필요한 인재를 양성하는 교육 본연의 목표에 집중하고 싶었다. 그래서 강의실을 없애고 학생들을 세계 각지로 보냈고, 수업은 온라인을 통해서만 진행하도록 하는 모델을 만들었다"라고 말한다.[1]

---

1 미네르바스쿨 "올해 첫 졸업생 진로, 아이비리그보다 성과." 〈이코노미조선〉, (2019.05.11).
https://biz.chosun.com/site/data/html_dir/2019/05/09/2019050901277.html

+ 중국의 교육 혁신

중국 정부는 적극적으로 전 학교에 인공지능 교육과정을 확산시키고 있다. 2018년 칭화대 부속 고교 등 40개 상하이 지역 고교가 '인공지능 실험학교'로 지정되었고, 인공지능 교과서로 교육을 시작했다. 《인공지능 기초》라는 교과서로 교육하고 있으며, 1,000개 학교로 인공지능 교육과정이 확대될 예정이다. 상하이와 산둥성 지역에서는 인공지능이 초·중·고등학교 필수과목이 되었다. 점차 인공지능 교육과정은 중국 전체로 확산되고 있다.[2]

중국은 교육 과정에 '안면인식' 기술을 도입했다. 교실에 있는 학생의 표정, 말투, 자세, 학습하는 모습 등 다양한 행동을 인식한다. 교육 내용은 학습 흥미를 높이기 위해 프로젝트 'Fun AI'를 온라인으로 진행한다. 학생은 직접 인공지능을 다루며 아두이노, 파이썬, 텐서플로 등 다양한 프로그램을 통해 기초부터 고급 과정까지 인공지능 기술을 학습한다. 중국 정부가 유소년기부터 수학, 물리, 화학과 더불어 프로그래밍 기술을 가르친 성과가 나타나고 있다.

교사의 인공지능 이해도를 높이는 교육도 진행한다. 인공지능에 대한 이해와 활용 및 융합 과정을 단계별로 진행해 전문 교사를 양성하고 있다. 2018년부터 중국 정부는 교육뿐 아니라 학사 관리에도 인공지능을 도입

---

2 중국, 세계에서 가장 적극적으로 AI교육 도입, 〈아이스크림에듀〉 (2020.03.05.),
https://home-learn.co.kr/newsroom/news/A/955

했다. 학사 관리 분야인 스마트 수업 일정 및 과제 플랫폼 구축 등에 활발한 투자가 진행되고 있다. 인공지능 기술에 있어서 데이터는 매우 중요하다. 중국은 13억 인구를 기반으로 개인정보 관리를 정부가 하고 있다. 미국에 비해 개인 정보에 덜 민감한 중국은 인공지능에 데이터 원유를 공급하고 있다. 미국이 긴장하지 않을 수 없다.

+ 일본의 교육 혁신

2013년 아베 신조Abe Shinzo가 총리가 되었다. 아베는 산업화시대는 끝나고 인공지능 시대가 왔음을 깨달았다. 그는 이토 히로부미 이후 약 150여 년 만에 교육대개혁을 단행했다. 그 내용은 '현행 대입시험을 폐지하고, 2020년에 국제바칼로레아International Baccalaureate를 도입한다'이다. 국제바칼로레아IB는 책을 읽고 토론하며 글을 쓰는 것이 핵심인 생각하는 힘을 기르는 교육이다. 교사가 질문을 하면, 일본 학생들은 친구들과 협력하여 대화와 토론을 한다. 기존 입시 위주의 교육을 하던 교실은 토론의 장으로 바뀌었다. 선생님은 지식을 일방적으로 가르치지 않고, 친구와 협력하면서 지혜를 학습한다. 국제바칼로레아 시험은 철학적, 인문학적 질문에 자신의 생각을 답하는 시험이다.

일본의 시가 대학교는 인공지능 인재 육성을 위해 데이터 사이언스 학부를 개설하였다. 통계와 프로그래밍 등 이과 계열 과목뿐만 아니라 경제학, 윤리, 사회심리 등 문과 계열 과목도 함께 가르친다. 문과와 이과를 넘나드는 융합형 인재를 기른다는 뜻이다. 일본은 교육을 바꾸려면 근본적인 대학 입시부터 바꿔야 한다는 것을 알고 실행에 옮겼다. 2020년에 국제바칼로레아가 대입시험으로 시행되었으니 일본은 시대의 변화를 읽고 주입식 교육을 과감히 버린 것이다.

+ 대한민국의 교육 혁신

대한민국의 교육도 인공지능 시대를 준비하기 위해 열심이다. STEAM 교육, 프로젝트 수업, 플립 러닝에 이어 블랜디드 러닝, 창의 융합교육 등으로 교육 혁신을 독려하고 있다. 앞서 설명하였듯이, STEAM 교육은 과학Science, 기술Technology, 공학Engineering, 수학Mathmatics에 인문학적 소양과 예술적 감성인 인문·예술Arts을 추가한 융합교육이다. 프로젝트 학습Project Based Learning은 학습자가 스스로 문제를 찾아내고 해결방안을 기획하며 협력적인 조사 탐구를 통해 과제를 해결하고 결과를 공유하는 일련의 과정에서 배움이 일어나는 수업 형태이다. 플립러닝은 지식과 관련된 학습은 온라인에서, 오프라인 수업에서는 심화학습을 극대화하기 위한 수업 형태이다.

대한민국은 2020년 코로나19 팬데믹으로 온라인 개학을 하였다. 하지만 갑작스런 온라인 개학으로 제대로 된 플립러닝 학습 도입을 하기에는 시간이 부족했다. 그리하여 학교와 학생의 선택권과 학습의 자율권을 보장하여 블랜디드 러닝 학습으로 자리매김하였다. 블랜디드 러닝 학습은 학습 효과를 극대화하기 위해 두 가지 이상의 학습 환경을 혼합하는 방법이다. 프로젝트 학습은 창의 융합교육으로 발전하여 인공지능 시대의 미래 인재 양성에 힘쓰고 있다. 이 모든 교육 혁신은 수업의 중심이 교사가

학교에서 만나는 인공지능 수업 교재

초등학교 1~4학년   초등학교 5~6학년   중학교

고등학교 기초   고등학교 심화

SW중심사회 http://www.software.kr/um/um03/um0305/um030501/um03050101/um0305010101.do

아닌 학생 중심으로의 이동이다.

대한민국은 인공지능 교육에 있어 이제 시작단계이다. 중국과 같은 적극적인 인공지능 수업 도입은 아직 이뤄지지 않고 있다. 수능으로 치러지는 대학 입시도 여전히 큰 비중을 차지하고 있다. 인공지능 교과서가 개발

되기 시작되었고, 인공지능 과목이 선택 과목으로 교육 과정에 편성되었다. 일반 고등학교에서 전문적인 프로그래밍 교육도 학문의 영역을 넘나드는 학문의 융합도 현 대학입시 체제에서는 실행하기 어려운 상황이다. 대한민국은 교육에 대한 열린 자세로 미래 시대를 준비하는 교육을 진지하게 다시 생각해야 할 시점이다.

교육부와 한국과학창의재단에서는 최근 《학교에서 만나는 인공지능 수업》 교재를 발간했다. 이 교재는 '초등학교 1~4학년'과 '초등학교 5~6학년'으로 나누어져 있고, 중학교와 고등학교는 '기초와 심화'로 다시 세분화되어 있다. 각 교재들은 모두 '교사용/학습용 지도서'까지 갖추고 있어 공교육에서의 인공지능 교육이 본격적으로 시작됨을 알 수 있다. 인간과 인공지능이 공존하는 사회를 살아가야 하는 다음 세대에게는 인공지능 교육은 선택이 아닌 필수다. 교육을 통하여 스스로 문제를 생각하고 답을 구하는 태도를 함양해야 한다. 교과서에서 배우지 못하는 것을 배우려는 열린 사고를 이끌어줘야 한다. 중국은 미국 다음으로 무서운 속도로 인공지능 인재 양성에 힘쓰고 있다. 그에 걸맞게 바이두, 알리바바, 샤오미와 같은 기업들이 탄생하고 있다. 미국 기업도 중국인 인재를 영입하기 위해 손을 내밀고 있다. 인공지능 특허 출원수도 미국 다음으로 가장 많은 나라가 중국이다. 우리도 미래를 준비하기에 지금이 가장 적시라는 사실을 기억하자.

초중고 인공지능 교육 내용 기준

영역	세부 영역	내용 요소				
		초등학교 1-4학년	초등학교 5-6학년	중학교	고등학교	
					인공지능 기초	인공지능 심화
인공 지능의 이해	인공 지능과 사회	• 인공지능과 의 첫 만남	• 인공지능의 다 양한 활용 • 약인공지능과 강인공지능	• 인공지능 발전 과정 • 튜링 테스트	• 인공지능의 개념과 특성 • 인공지능 기술의 발전과 사회변화	• 인공지능 기술의 적용 분야 • 인공지능 융·복합
	인공 지능과 에이 전트				• 지능 에이전트의 개념과 역할	• 지능 에이전트 분석
인공지능 원리와 활용	데이터	• 여러 가지 데이터 • 수치 데이 터 시각화	• 데이터의 중요성 • 문자 데이터 시각화 • 데이터 경향성	• 데이터 수집 • 데이터 전처리 • 데이터 예측	• 데이터의 속성 • 정형 데이터와 비정형 데이터	• 데이터 속성 분석 • 빅데이터
	인식	• 컴퓨터와 사람의 인식	• 컴퓨터의 인식 방법	• 사물인식	• 센서와 인식 • 컴퓨터 비전 • 음성인식과 언어 이해	• 컴퓨터 비전 응용 • 음성인식 응용 • 자연어 처리
	분류, 탐색, 추론	• 특징에 따라 분류하기	• 인공지능 분류 방법 • 지식 그래프	• 인공지능 탐색 방법 • 규칙 기반 추론	• 문제해결과 탐색 • 표현과 추론	• 휴리스틱 탐색 • 논리적 추론
	기계 학습과 딥러닝	• 인공지능 학습 놀이 활동	• 기계학습 원리 체험	• 지도학습 • 비지도학습	• 기계학습의 개념과 활용 • 딥러닝의 개념과 활용 • 분류 모델 • 기계학습 모델 구현	• 기계학습 알고리즘 • 강화학습 원리 • 퍼셉트론과 신경망 • 심층신경망
인공 지능의 사회적 영향	인공 지능 영향력	• 우리에게 도움을 주는 인공지능	• 인공지능과 함께하는 삶	• 인공지능과 나의 직업	• 사회적 문제해결 • 데이터 편향성	• 인공지능과의 공존 • 알고리즘 편향성
	인공 지능 윤리		• 인공지능의 올 바른 사용	• 인공지능의 오 남용 예방	• 윤리적 딜레마 • 사회적 책임과 공정성	• 인공지능 개발자 윤리 • 인공지능 도입자 윤리

※ 고등학교 기초는 2015 개정 교육과정 《인공지능 기초》 과목의 내용 요소와 성취 기준의 수준에 따름.

SW중심사회 http://www.software.kr/um/um03/um0305/um030501/um03050101/um0305010101.do

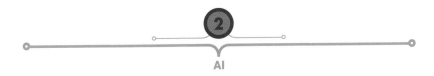

인공지능 시대, 리터러시가 중요하다

리터러시Literacy는 문해력을 말한다. 문해력이란 '글을 읽고 이해할 수 있는 능력'이다. 현대에는 단순히 글을 읽고 이해하는 능력을 뛰어넘어 '태도'나 '마인드'로 그 의미가 확대되었다. 리터러시라는 용어는 정보 리터러시, 디지털 리터러시, 인공지능 리터러시 등으로 확대되고 있다. '인공지능 리터러시'가 부족하면 격차가 발생한다. 인공지능 격차를 '인공지능 디바이드'라고 한다. 인공지능 디바이드는 급변하는 인공지능 사회 속에서 인공지능의 이해 및 활용 능력 차이로 인한 생존 문제로 연결된다. 인공지능을 활용할 줄 모르면 직장에서 설자리가 없다. 일자리로부터 도태되는 시대가 눈앞에 다가오고 있다.

+ 인공지능 리터러시

'정보 리터러시'는 정보를 활용하는 능력을 말한다. 자신이 원하는 정보를 찾아서 필요한 정보인지 판단하고 적절히 활용하는 능력을 일컫는다. 컴퓨터가 보급되고 인터넷이 확장되던 1990년대에는 정보 리터러시가 중요했다. 정보 리터러시는 컴퓨터를 '도구'로 잘 활용하는 능력을 말한다. 한글, 엑셀, 파워포인트와 같은 프로그램을 이용하여 원하는 자료를 보기 좋게 표현하고 잘 사용하는 능력을 말한다. 이를 사무자동화OA라고 한다. 대부분의 사람들은 '컴퓨터를 잘 한다'는 'OA를 잘 활용한다'로 인식했다.

2000년대 스마트폰의 등장과 각종 웨어러블 기기wearable device[3]의 등장은 '디지털 리터러시'로 확대되었다. 디지털 리터러시는 디지털에 속하는 모든 기술과 서비스, 콘텐츠를 포함한다. 디지털 기술을 이해하고 다룰 줄 아는 활용 능력을 포함하며 그 범위가 명확하지 않다. 디지털은 도구이면서 서비스이고, 콘텐츠이기 때문이다. 디지털 리터러시는 디지털 시민으로서 갖추어야 할 능력을 의미한다. 스마트폰의 등장은 실생활과 업무에 디지털 기기들을 잘 연동하고 활용하는 능력으로 발전하였다. 디지털 리터러시는 데이터, 정보, 디지털 기술, 콘텐츠, 미디어에 접근하고 이를 통해 통합, 분석, 관리, 평가, 해결, 소통하며 문제를 지혜롭게 해결하는 능력과 소양을 말한다.[4]

'인공지능 리터러시'는 지금 우리가 갖추어야 할 능력이라고 할 수 있다. 인공지능 리터러시는 정보 리터러시와 디지털 리터러시를 갖추고 있

---

3 웨어러블 디바이스(wearable device)로 불리는 착용 컴퓨터는 안경, 시계, 의복 등과 같이 착용할 수 있는 형태로 된 컴퓨터를 뜻한다. 궁극적으로는 사용자가 거부감 없이 신체의 일부처럼 항상 착용하고 사용할 수 있으며 인간의 능력을 보완하거나 배가시키는 것이 목표이다. (위키백과)

4 디지털 리터러시 교육협회 정의

어야 제대로 활용이 가능하다. 4차 산업혁명에 활용되는 컴퓨터 비전, 빅데이터, 초고속 통신, 플랫폼, 사물인터넷, 클라우드 컴퓨팅, 음성 서비스와 같은 여러 기술들에 대한 이해가 선행되어 있어야 한다. 인공지능 기술을 바탕으로 한 다양한 산업에 대한 이해도 전문가 수준을 요구한다. 더불어 기술과 산업의 융합, 기술과 기술의 융합, 산업과 산업의 융합까지도 볼 수 있는 시각을 가진 능력을 말한다. 현재 우리 사회가 요구하는 시대의 인재는 '인공지능 리터러시'를 지닌 사람이다.

+ 인공지능 디바이드

정보 격차는 기술이 계속 발전하는데 사람들의 의식이 이에 따라가지 못하는 현상을 말한다. 핸드폰이 처음 나왔을 때, 핸드폰에 전화번호부 기능과 단축키 기능이 함께 탑재되어 있었다. 이것이 익숙하지 않은 사람들은 핸드폰과 함께 종이 전화번호부도 한동안 함께 갖고 다녔다. 핸드폰을 꺼내고 종이 전화번호부에서 연락처를 찾는다. 적힌 번호를 찾고 전화번호를 보고 눌러 전화를 거는 모습을 상상해 보라. 지금은 우스꽝스러운 모습

다이얼 전화기와 스마트폰

Pexels

이지만 그 당시 종종 볼 수 있는 모습이었다.

반면, '인공지능 격차'는 지금까지와는 확연한 차이가 있다. 인공지능 활용 능력에 따라 사람과 기업, 국가 간 격차는 뚜렷해질 것이기 때문이다. 이를 인공지능 디바이드Divide라고 부른다. '인공지능 디바이드'는 급변하는 인공지능 사회 속에서 인공지능의 이해 및 활용 능력 차이로 인한 생존 문제로까지 연결된다. 인공지능 시대를 살아가는 개인에게 중요한 것은 인공지능 기술이 아니라 그것을 활용하는 능력이다. 인공지능이 가져올 정보 격차의 생존자가 될 것인가, 희생양이 될 것인가. 인공지능이 가져올 정보 격차는 삶의 질을 넘어 생존을 좌우한다. 인공지능 활용 능력이 업무 경쟁력이 되는 시대가 열린다.

인공지능 시대의 도래로 인해 여러 산업 분야에서 인공지능이 활용된다. 인공지능 활용 능력에 따라 업무 능력에 미치는 격차는 매우 클 것이다. 인공지능 기술을 익혀 구현하는 것은 어렵다. 하지만 스마트폰처럼 인공지능 역시 사용하기 편리한 형태로 서비스되고 있다. 인공지능 활용 능력이 업무 경쟁력이 될 날이 오고 있다. 개인에게는 인공지능 기술 발전보다 그것을 활용하는 능력이 중요하다. 과학소설 작가 아서 클라크는 "고도로 발달한 기술은 마법과 구별할 수 없다"고 말했다. 인공지능 기술은 미래의 마법이 될 것이다.

+리터러시 함양

대량의 데이터를 바르게 활용하고 분석할 수 있는 능력이 인공지능 리터러시이다. 인공지능 리터러시를 함양하기 위해서 가장 중요한 능력은 생각하는 능력이다. 우리의 생활 안에서 생각없이 지나치는 모든 것들에 대해 관찰하는 것이다. 다시 바라보고 다르게 생각하고 인공지능 기술을 적용하여 좀 더 나은 방향으로 바꿀 수 있는지 생각하는 것이다. 인공지능을 활용하면 나의 생각이 삶에서 실현되도록 인공지능 기술이 적극 도와준다. 우리가 하고 있는 일에 인공지능 기술을 결합할 수 있는 리터러시를 힘써 길러야 한다.

미국 코네티컷 주의 한 고등학교에서는 학생들 자신이 즐겨 사용하는 인스타그램, 페이스북, 트위터 등 소셜 미디어의 문제점과 개선 방안을 생각해보는 수업을 진행하고 있다. 이처럼 리터러시 교육은 기술적인 측면에 앞서 인문학적인 측면을 우선적으로 고려하고 있다. 부산에 한 중학교에서도 가짜뉴스 구분, 디지털 미디어 활용, 코딩, 공유와 디지털 협업, 디지털 에티켓, 빅데이터 분석, 사이버 불링인터넷상의 집단괴롭힘, 저작권과 개인정보 보호, 댓글 커뮤니케이션, 동영상 촬영 및 제작, 건강한 정보 검색과 소비, 디지털 디자인과 음악 등 리터러시 교육을 실시하였다.[5]

리터러시는 단순히 인공지능 기술을 이해하고 잘 활용하는 교육으로만 그쳐서는 안된다. 인공지능 기술로 인하여 바뀌는 사회 모습과 함께 바른 인공지능 윤리도 함양해야 한다. 리터러시를 통해 미래 디지털 시민으로서의 의식과 마인드가 함양되어야 한다. 전화번호부를 다시 뒤지는 우

---

5 이제는 학교에서도 디지털 리터러시 교육을?, 〈교육부 블로그〉, 2020.05.07.
https://m.blog.naver.com/moeblog/221950417942

스운 일이 발생하면 안 된다. 지금까지는 웃어 넘길 수 있었지만 인공지능 시대에는 먹고 사는 문제, 즉 생존과 연결되기 때문이다. 리터러시 교육을 통해 디지털 사회의 핵심 역량인 빅데이터와 사물인터넷, 클라우드 컴퓨팅으로 대표되는 인공지능 리터러시를 갖추어야 한다. 기술의 무조건적인 수용이 아닌 시대 변화와 활용에 대한 비판적 사고를 함양할 수 있는 생각하는 능력도 함께 길러야 한다.

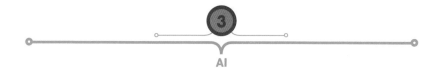

인공지능 시대,
윤리가 중요하다

인공지능 윤리는 인공지능 기술을 도입하는 사람과 기술을 개발하는 사람 모두에게 요구된다. 인공지능 기술은 인류에게 풍요와 번영을 선물할 수 있지만, 윤리가 결여된다면 크나 큰 위협을 초래할 수 있다. 인공지능 기술의 무기화를 반대하는 사람은 기술을 선도하는 실리콘밸리의 개발자들이다. 영화 〈아일랜드〉는 윤리가 결여된 인간들이 미래 사회의 기술과 권력을 장악한다면 인간의 존엄성은 무시될 수 있다는 점을 보여준다. 하지만 인공지능 기술 발전을 지나치게 두려워해서는 안 된다. 기술 자체는 중립성을 가지기 때문에 인공지능 기술을 사용하는 인간의 윤리 의식이 더 중요하다 볼 수 있다.

기술 진화는 가속화되는데 인간의 윤리와 문화가 그것을 따라가지 못하는 것을 리터러시라고 한다. 지금은 정보 리터러시나 디지털 리터러시와는 수준이 다른 인공지능 리터러시가 요구된다. 인공지능 기술은 활용에 따라 인류에 풍요를 선물할 수도 있지만, 다른 기술과 달리 인간에게 위협이 될 수도 있기 때문이다. 스스로 판단하고 움직이는 인공지능 무기에 관한 첫 UN 공식 전문가 회의가 2017년 11월 스위스에서 열렸다. 공격성과 지능을 가진 무기가 탄생한다면 사회적 혼란을 넘어 전 세계를 위협할 수 있기 때문이다.

2016년 3월, 마이크로소프트MS사는 인간과 대화할 수 있는 인공지능 챗봇 테이Tay를 트위터를 통해 개발하였다. 테이는 인간과의 대화에서 '히틀러는 잘못이 없다' 등의 편향적인 대화를 하였다. 테이는 성 차별과 자극적인 정치적 발언, 인종 차별적인 용어를 사용하였다. 결국 MS는 공개 사과는 물론 테이의 트위터 계정을 닫아야만 했다. MS사 테이는 사용자와의 대화를 통해 질문과 답을 학습한다. 악의적인 사용자가 차별 발언을 가르친 결과이다. 우리나라도 스타트업 스캐터 랩의 '이루다' 챗봇 서비스도 비슷한 상황을 겪었다. 인공지능은 도덕기준이나 가치관이 없기 때문에

인공지능학회 윤리 지침

윤리에 대한 공헌	: 인류 평화, 안전과 공공의 이익에 공헌하다.
법규제 준수	: 법규제와 지적 재산을 존중한다.
타인의 사생활 존중	: 개인정보를 적절하게 다룬다.
공정성	: 개발할 때 차별하지 않도록 주의한다.
안정성	: 늘 안정성과 통제 가능성에 주의한다.
신뢰성 있는 행동	: 인공지능의 잠재적 위험성을 경고한다.
사회 책임	: 인공지능의 잠재적 위험성을 경고한다.
사회와의 대화와 자기 계발	: 인공지능에 대해 충분히 이해할 수 있도록 돕는다.
인공지능에 대한 윤리 준수 요청	: 인공지능도 윤리 지침을 지켜야 한다.

일본 인공지능학회 2017.02.28. 승인

옳은 것과 그른 것을 판단할 수 없다. 바로 이점이 인간이 인공지능보다 중요한 이유이다. 일본 인공지능학회는 세계 최초로 윤리 지침을 정했다.

2005년 영화 〈아일랜드The Island〉는 생명 공학기술의 발전으로 한 복제 인간을 소재로 하고 있다. 이 영화에서는 스마트 헬스케어 기술이 자주 등장하는데, 이 중 하나는 자는 동안 수면 상태를 모니터링 해주는 기술이다. 자고 있는 동안의 맥박수, 호흡수, 뒤척임 등을 측정하여 이상 수면 패턴을 알려준다. 사물인터넷 기술이 적용된 스마트 변기에 앉아 볼일을 보면 체중과 체온, 염도, 요단백, 포도당, 적혈구 등의 건강 상태도 파악된다. 입고 있는 흰 옷은 '웨어러블 기기'로 심박 수, 땀 배출량, 움직임 등도 모두 분석되어 소비 열량을 알려준다. 모든 건강 상태가 철저하게 체크되고 이에 따른 식단이 자동 조절되어 제공된다.

〈아일랜드〉의 생명공학기술은 인간의 생명 연장의 꿈을 이루기 위해 자신의 유전자로 자신과 동일한 인간을 생산해 낸다. 이렇게 생산된 복제 인간은 하나의 상품으로 취급된다. 복제 인간의 쓰임새란 유전자를 제공해준 인간이 병에 걸렸을 때 장기 이식을 제공하는 것이다. 불임증 여성을 대신해 동일한 유전자의 대리모로 임신하고, 출산을 위해 아일랜드로 향

영화 〈아일랜드〉

한다. 복제 인간에게 아일랜드로 가는 것은 곧 죽음을 의미한다. 이 영화에서는 복제 인간이 느끼는 감정과 한 인간으로서의 갈등을 보여준다. 윤리가 상실된 과학기술이 얼마나 잔인한지를 보여주는 영화이다.

인공지능 윤리와 관련하여 2017년 2월 유럽의회 결의안에서는 인공지능 기술을 사용하는 로봇과 자동차에 법적으로 전자인간electronic person의 지위를 부여하자고 했다. 전자 인간이 인간에게 해를 끼쳤을 경우 책임을 명확히 하자는 의도이다. 또 긴급 상황에서 로봇의 기능을 정지시키는 킬스위치를 탑재하며 로봇세를 물려야 한다는 내용도 포함되었다. 인터넷 무료 전화 서비스 스카이프의 창업자 얀 탈린이 설립한 비영리 단체는 '반드시 사람이 제어할 수 있을 것', '인공지능 군비 경쟁을 금지할 것'을 주장했다. 또 2017년 8월 살인 로봇 개발 금지를 요구하는 서한을 UN에 보냈다. 일론 머스크와 애플의 창업자 스티브 위즈니악Steve Wozniak 등 실리콘밸리의 인공지능 기술을 선도하는 100명 이상의 사람들이 동참했다.

한편으로는 인공지능이 윤리 문제로 인하여 기술 발전에 걸림돌이 되는 것을 우려하는 목소리도 있다. 철학적인 문제는 있겠지만, 당장 눈앞에 닥친 위험은 크지 않다. 인공지능의 용도를 둘러싼 논의의 중요성을 인정한다. 반면에, 기술을 널리 공유할 수 있는 평등성과 기술의 중립성도 중시해야 한다. 오히려 무서운 것은 인공지능을 사용하는 사람과 사용하지 않는 사람 간의 격차가 벌어지는 것이다. 따라서, 인공지능 윤리 문제로 인하여 인공지능이 가져올 위험을 지나치게 두려워해서는 안 된다.

"2인 3각 경기처럼 인공지능 기술과 인공지능 윤리는 함께 나아가야 합니다. 인공지능 기술이 앞서나가면 위험성과 부작용이 커지며, 인공지능 윤리가 앞서나가면 기술 개발이 늦어집니다. 인류에게 막대한 영향을 끼칠 수 있는 인공지능은 반드시 기술과 윤리가 조화롭게 나아가야 합니다."
- 한국인공지능윤리협회KAIEA

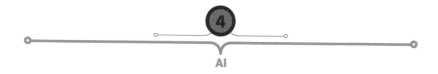

코딩! 초등학생도
문과생도 배워야 한다

4차 산업혁명 시대를 맞이하여 코딩 열풍이 한창이다. 주요과목이 '국·영·
수·코'라는 우스갯소리가 있을 만큼 코딩 교육의 중요성이 대두되고 있다.
바람직한 현상이다. 수학만큼 코딩이 중요한 시대가 왔다. 필자는 교단 초
기부터 아이들에게 코딩을 가르쳤다. 그 당시 정보 교육은 문제해결력보
다는 컴퓨터를 도구적 관점에서 바라보던 시기였다. 흔글, 엑셀, 파워포인
트를 잘 다루는 능력이 곧 컴퓨터를 잘 하는 사람이라 여겨지던 시기였다.
필자는 컴퓨터를 잘 다룬다는 것은 컴퓨터를 잘 안다는 것이고 컴퓨터를
가장 잘 알 수 있는 방법은 직접 프로그래밍을 작성하는 것이라 생각했다.

지금은 코딩 교육이 중요하다는 공감대가 형성되었지만 그 당시 정보
과목은 학생들에게 중요한 과목이 아니었다. 학생들은 정보 시간을 그저
학업 스트레스를 풀고 싶은 시간으로 생각했다. 그렇다보니 논리적인 사
고력을 키우기 위한 수업을 하면 학생들이 힘들어했다. 왜냐하면 대학 입

시 과목이 아니기 때문이다. 거기에 컴퓨터는 OA만 가르치면 되므로 누구나 가르킬 수 있는 과목으로 여겨졌다. 이러한 교육 정책이 지금의 인공지능 교육을 뒤처지게 할 수밖에 없는 현실이 된 것 같아 씁쓸하다. 중앙일보에서는 2021년 3월 '전문가의 미래시대 자녀 교육법 "이젠 수학만큼 코딩이 중요"'라는 기사를 냈다. 수학으로 유명한 CMS학원 원장님과 이재호 경인교대 컴퓨터교육학과 교수의 인터뷰를 통해 코딩 교육의 중요성을 강조한 기사이다.[6]

초등학생도 대학생도 할머니도 상상하는 것을 만들어 낼 수 있는 시대가 바로 소프트웨어 시대이다. 초등학생들이 청각장애가 있는 할아버지를 위해 스피커를 개발했다. 음파로 음악을 들려준다. 이 스피커는 미국 실리콘 밸리에서 시연도 했다. 83세 일본 와카미야 할머니는 43년간 미쓰비시 은행 퇴직 후 애플의 개인용 PC '맥'을 사서 혼자서 서적을 참고하며 애플 프로그래밍 언어 '스위프트Swift'를 배웠다. 그리고 노인용 게임을 만들었다. 그녀는 "우리 같은 노인은 손가락 움직이는 속도가 느려서 젊은 사람과 게임을 하면 늘 진다"며 "나이 든 사람도 스마트폰에 관심을 갖게 할 만큼 재미있는 아푸리일본어로 앱를 만들고 싶었다"고 말했다.[7] 소프트웨어 세상의 매력이 여기에 있다. 행복한 세상을 만들고 싶다면 코딩을 배우면 된다.

코딩이라 일컬어지는 컴퓨터 프로그래밍을 배워야 하는 이유는 문제

---

6 전문가의 미래시대 자녀 교육법 "이젠 수학만큼 코딩이 중요", 〈중앙일보〉, 2021.03.14.
  https://news.joins.com/article/24011152
7 한국 온 83세 '코딩 척척' 일본 할머니 "노인은 왜 못 배우나요", 〈중앙일보〉, 2019.03.31.
  https://news.joins.com/article/23427239

구분	교육과정	내용
초등학교	실과에서 '소프트웨어 기초 교육' (필수) 17시간	문제해결 과정, 알고리즘 프로그래밍 체험 정보윤리의식 함양
중학교	'정보' (필수) 34시간	컴퓨터 사고에 기반한 문제해결 능력과 간단한 프로그래밍, 알고리즘 교육
고등학교	'정보' (일반선택)	다양한 분야와 융합한 알고리즘 프로그램 설계 등 교육
	인공지능 기초, 인공지능 수학(진로선택)	인공지능 시대에 필요한 기초 소양 교육 및 인공지능 기술에 사용되는 수학 알고리즘 교육
	정보과학 (전문교과 I)	프로그래밍, 자료 처리, 알고리즘, 컴퓨팅 시스템 컴퓨팅 사고력을 기반으로 실생활 및 다양한 학문 분야의 문제를 해결하는 능력에 중점을 둔 교육

해결력과 논리적인 사고 능력이 향상되기 때문이다. 프로그래밍을 작성한다는 것은 논리를 절차에 맞게 작성하는 과정이다. 이는 알고리즘에 해당된다. 프로그램을 작성할 때 중요한 성능 두 가지가 있다. 시간 복잡도와 공간 복잡도라는 개념인데 시간 복잡도는 CPU 연산의 최소화, 공간 복잡도는 메모리와 같은 자원의 최소화를 필요로 한다. 한정된 두 자원을 최소화하여 사용하려면 알고리즘, 즉 절차가 중요하다. 이 최적의 알고리즘을 작성하는 능력을 키우는 것이 프로그래밍하는 과정이다.

그렇다고 해서 모두가 프로그래머가 될 필요는 없다. 인공지능 시대에는 컴퓨터 기술에 대한 이해가 필수이므로 코딩을 통하여 기술이 어떻게 적용되는지를 배우면 된다. 거기에 나만의 상상력과 생각, 업무능력이 더해지면 인공지능 시대를 살아갈 인재가 되는 것이다. 다행히 대한민국은 2015 개정 교육과정의 소프트웨어 교육을 강화하였다. 과학기술 소양 함양 교육의 일환으로 '소프트웨어 교육을 강화해야 한다'는 국가 사회적 요구를 반영한 것이다.

초등학교는 문제해결 과정과 알고리즘, 프로그래밍을 체험하는 기초교육으로 진행된다. 중학교는 컴퓨터 사고에 기반한 문제 해결 능력과 간단한 프로그래밍, 알고리즘 교육이 진행되며 34시간의 소프트웨어 교육을 받게 된다. 제대로 된 소프트웨어 교육으로는 턱없이 부족한 시간이다. 고등학교는 선택과목 위주로 편성되며 일반선택과 진로선택으로 구분된다. 그 중 일반선택에서 '정보', 진로선택에서 '인공지능 기초', '인공지능 수학'을 선택할 수 있다. 또한 전문교과Ⅰ에서 '정보과학'으로 선택할 수도 있다. 하지만 많은 고등학교에서 선택과목을 '교육과정 클러스터'나 방과 후 교육으로 운영해 한시적인 코딩 교육이 이뤄지고 있다.

코딩 교육은 국어, 영어, 수학 및 타 교과 학습과 병행하여 소프트웨어 교육이 함께 이루어져야 한다. 그래야만 문·이과 통합 교육과정으로 학문의 융합을 열겠다는 교육과정의 개편 취지와도 일치한다. 문과, 이과, 예체능 및 전문 교과의 모든 학문을 연결하고 융합할 수 있는 기술이 바로 코딩이기 때문이다. 코딩만 배워서는 안 되며 여러 교과와 함께 학습해야 한다. 코딩을 배울 수 있는 도구는 여러 가지가 있다. 컴퓨팅 사고력을 키워주는 교구부터 개발자와 같은 전문적인 프로그래밍 언어까지 모두 다

코딩 교육의 구분

구분	핵심 내용	코딩 교육
초등학교	문제해결 과정 프로그래밍 체험	스크래치, 엔트리
중학교	문제 해결 능력 알고리즘 교육 메이킹 교육	아두이노, 사물인터넷, 마이크로비트, 파이썬
고등학교	텍스트 기반 프로그래밍 교육	[문과] 파이썬, 데이터시각화, R
		[이과] 파이썬 , C, 자바, C#, C++
	그래픽 기반 프로그래밍 교육	[게임] 유니티, 언리얼
	인공지능 소양 교육	[공통] 인공지능 기초, 인공지능 수학

가능하다.

스크래치와 엔트리는 초등학생에게 적합한 도구로 컴퓨터처럼 논리적으로 생각하고 판단하여 문제를 해결하는 힘을 길러준다. 여기에 사물인터넷을 접목하여 아두이노, 마이크로비트 등과 같은 교구를 이용하면 내가 상상하는 것을 만들 수 있는 메이킹 교육도 가능하다. 전문적인 언어를 배우기 원하면 텍스트 기반의 프로그래밍 언어를 배우면 된다. 중학생이상이면 파이썬과 같은 언어를 배울 수 있다. 고등학생 문과라면 데이터분석과 R통계/데이터 마이닝 및 그래프를 위한 언어, 이과는 C, 자바, C#, C++과 같은 개발자 언어도 가능하다. 여기에 인공지능 소양 교육으로 '인공지능 기초'와 '인공지능 수학'을 배운다면 금상첨화이다. 그렇다고 해서 뚜렷한 경계는 없다. 고등학생이라도 스크래치와 엔트리를 통해 필요한 기술을 구현할수 있다. 요즘에는 가상·증강현실 도구로 '유니티Unity'와 '언리얼Unreal'과 같

스티브잡스

은 엔진 학습도 가능하다.

실리콘 밸리의 유명인들도 컴퓨팅 사고력을 키우는 것이 매우 중요하다고 이야기하고 있다. 대표적인 인물로는 빌 게이츠, 스티브 잡스, 마크 주커버그, 그리고 버락 오바마이다. 버락 오바마는 코딩 교육을 지지하며 일주일에 한 시간 코딩하기Hour of code 캠페인까지 벌였다.

"모든 사람은 코딩을 배워야 합니다. 코딩은 생각하는 방법을 가르쳐주기 때문입니다."
– 스티브 잡스, 애플 창업자

"코딩을 배우는 것이 여러분의 미래는 물론 조국의 미래에도 매우 중요합니다."
– 버락 오바마, 미국 44대 대통령

"다음 세대는 프로그래밍을 읽기와 쓰기처럼 가르치고 있을 겁니다."
– 마크 주커버그, 페이스북 창업자

"코딩은 모든 문제에 대해 새로운 해결책을 생각하는 힘을 길러줍니다."
– 빌 게이츠, 마이크로소프트 창업자

미래학자 레이 커즈와일은 "불은 난방과 요리를 가능하게 하지만 집을 태울 수도 있다. 기술은 언제나 양날의 칼이다"라고 말해 프로그램 언어를 배우는 것도 중요하지만 윤리적인 판단을 할 수 있게 하는 것은 더 중요함을 강조했다.

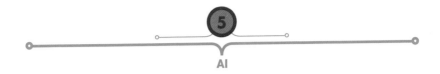

5

AI

창조할 줄 아는 능력이
인공지능을 이긴다

인공지능 시대에는 인간만의 고유 능력을 계발하고 잃어버리지 말아야 한다. 인공지능이 절대 가질 수 없는 타인에 대한 공감 능력, 삶에 대한 목적 의식과 일에 대한 사명감, 자아 정체성, 창의성 같은 능력들이다. 지금까지는 기계처럼 일 잘 하는 사람이 성공하고 인정받는 시대였다. 앞으로 시대는 패러다임이 바뀌어 인간적인 사람이 성공하는 시대가 될 것이다. 창의성은 인공지능 시대의 가장 강력한 무기이다. 창의성이 눈에 보이는 개념이 아니다 보니 너무 어렵다고 생각지 말자. 자신을 잘 들여다보고 자신의 소리에 귀 기울이면 된다. 디지털 감성보다는 아날로그 감성으로 채우면 된다. 스티브 잡스와 일론 머스크를 뛰어넘는 미래 설계자로 유명한 피터 틸Peter Thiel은 "미래의 생존은 경쟁이 아니라 창조에 있다"고 강조하고 있다.

+ 인공지능의 창의성

인공지능 시대의 대표적인 키워드는 창의성이다. 창의성은 인공지능이 아무리 발전해도 인간을 절대 능가할 수 없는 능력이다. 인공지능은 결국 알고리즘이기 때문이다. 알고리즘은 알고리즘으로 작성된 것만 학습할 수 있다. 창의성은 알고리즘을 벗어나는 영역이다. 베토벤 풍 음악을 작곡하는 인공지능이 있고 고흐 풍 미술 작품을 만들어내는 인공지능이 있다. 또한, 인공지능이 만든 작품들이 인간에게 감동을 주기도 한다. 하지만 시대를 통찰하고 풍미하는 예술가는 아직 인공지능에게서 나오지 않았다.

처음 SF 영화를 접했을 때는 화려한 컴퓨터 그래픽에 놀라고 신기했다. 그 후 컴퓨터 그래픽 기술은 끊임없이 발전하여, 자연스럽고 몰입감 높은 SF 영화들이 나올 수 있는 바탕을 마련했다. 하지만 컴퓨터 그래픽이 주는 감동은 봄에 피는 꽃 한 송이를 실제로 보고 느끼는 감동보다 못하다. 거대한 산이나 드넓은 바다와 마주했을 때 자연이 주는 감동과는 비교할 바가 못 된다. 자연에는 감동 이상의 인간 마음을 치유하는 능력도 있다.

+ 인간의 창의성

창의성의 다른 이름은 기획력, 상상력, 감각, 깨달음 등으로 표현된다. 창의성은 그냥 생기지 않는다. 자신이 하고 있는 일에 모든 열정과 사명을 다해 매진할 때 비로소 창의성이 생겨난다. 알파고를 개발한 구글의 딥마인드 데미스 하사비스는 '내 실력을 허투루 쓰는 것은 아닐까?', 머리 좋은 사람들이 같은 시간과 에너지를 갖고 세상에 도움이 되는 일을 하면 좋지 않을까?'라는 사명에서 인공지능 연구의 길을 선택했고, 이는 하늘의 계시였다고 말했다.[8] 인공지능도 결국 인간의 창의성에서 나온 것이다.

모차르트처럼 천재로 태어나 타고난 창의성을 발휘하는 사람들이 있다. 하지만 대부분의 천재들은 자신이 끊임없이 노력하여 이뤄낸 창의성이다. 창의성의 동기가 인생에 대한 분명한 목적과 사명감이었다. 베토벤은 청력을 잃고 나서 더 이상 음악을 할 수 없다는 절망감을 작곡으로 승화시켰다. 이렇게 탄생한 곡이 전 세계인에게 감동을 주는 '운명', '전원', '합창' 교향곡이다. 베토벤은 가난한 집에서 힘든 삶을 살았다. 하지만 음악을 통해 많은 사람에게 희망과 용기, 커다란 감동을 주고 있다. 이것이 인공지능은 감히 흉내낼 수 없는 인간의 창의성이다.

✛ 창의성과 정체성

창의성을 발휘하기 위해서는 우선 자신의 정체성이 분명해야 한다. 내가 누구인지 알고 나는 어디에서 왔는지 알며 또 어디로 향해가고 있는지 아는 사람은 방황하지 않는다. 인공지능 시대에는 개별 맞춤형 서비스가 제공된다. 이는 내가 즐겨찾고 좋아하는 정보만 나에게 제공되는 것이다. 내가 먹은 음식, 입었던 옷, 영화, 뉴스, 검색어 등으로 인공지능이 나를 분석하고 판단한다. 그리고 나에게 이와 비슷한 음식, 장소, 스타일, 영화, 뉴스만을 제공한다. 인간은 점점 자신을 잃어버리고 인공지능이 제공

---

8 일본경제신문사(2019.3), 《2045 인공지능 미래보고서》, 반니, p.169

해 주는 서비스가 나 자신이라 착각하며 살아간다.

지피지기 백전불태知彼知己 百戰不殆
부지피이지기 일승일부不知彼而知己 一勝一負
부지피부지기 매전필태不知彼不知己 每戰必殆

적을 알고 나를 알면 백 번 싸워도 위태로울 것이 없으나
적을 모르고 나를 알면 승과 패를 주고받을 것이며
적을 모르는 상황에서 나조차도 모르면 싸움에서 반드시 위태롭다.

이는《손자병법》의 13편의 글 중, 3편인 '모공편謀功篇'에 있는 유명한 말
이다. 이 말이 인공지능 시대에도 해당된다. 인공지능 기술과 시대의 흐름
을 잘 알아야 한다. 무엇보다 진정한 나 자신을 되찾아야 한다. 내가 가지
고 있는 인간성, 나만의 독창성, 나의 재능으로 사회에 기여하고 싶은 일,
내 안의 기쁨, 성취감을 느껴야 한다. 내 안에 있는 창의성을 찾아내는 것
이 결국 인공지능 시대를 살아가는 경쟁력이 되는 것이다. 스티브 잡스는
자신의 창업 이유를 "창업할 당시 돈을 벌겠다는 생각은 하지 않았다. 단
지 세상을 변화시킬 꿈만을 갖고 있었다"라고 말했다. 세상을 놀라게 할
혁신적인 아이디어와 디자인은 정체성에서 나온다.

+ 창의성 계발하는 법

창의성은 더 이상 특별한 사람만이 갖추어야 할 능력이 아니다. 모든 사람이 갖추어야 할 기본 소양이다. 이는 창의성이 없다는 것은 인공지능과 함께 일할 수 없다는 의미이다. 창의성이 필요없는 영역의 일은 인공지능이 알아서 할 것이기 때문이다. 창의성은 이제 생존과 직결되는 문제이다. 인간은 창의성을 키워야 미래 일자리로부터 도태되지 않는다. 창의성을 키우기 위한 방법은 매우 간단하다. 디지털로 대표되는 것이 인공지능이라면 인간은 아날로그로 대표된다. 디지털과 아날로그의 차이이다. 그렇다면 답은 매우 간단하다. 바로 이 아날로그 감성을 키우면 된다.

이지성 작가는《에이트: 인공지능에게 대체되지 않는 나를 만드는 법》에서 창의성을 개발하기 위한 첫 번째 방법으로 "디지털을 차단하라"고 제시한다. 이 말에 백 퍼센트 공감한다. 실리콘밸리 가정과 기업에는 IT 기기가 없다고 한다. 학교는 백과사전과 종이 책, 종이 노트로 공부한다. 기업은 종이 명함, 종이 보고서, 종이 수업과 대면으로 마주한 회의를 한다. IT 기기를 차단하는 능력을 갖추지 못한 사람들은 IT 기기에 종속되며 종속은 중독을 의미한다. 반면, IT 기기를 차단할 줄 아는 사람은 독서와 사색, 예술과 자연, 다른 사람들과 진실된 만남을 통해 인간성과 창의성을 발견하고 강화한다. 이는 공감 능력으로 발전하며 인공지능 시대의 리더가 된다[9]

---

9 이지성(2019.10), 《에이트: 인공지능에게 대체되지 않는 나를 만드는 법》, 차이정원, p.144

+ 피터 틸의 《제로 투 원》

실리콘 밸리에는 스티브 잡스와 일론 머스크를 뛰어넘는 미래 설계자로 유명한 사람이 있다. '피터 틸Peter Thiel'이다. 피터 틸은 유튜브, 테슬라, 링크드 인을 탄생시킨 '페이팔 마피아'의 대부로 유명하다. 페이팔 마피아는 페이팔Paypal을 창업한 멤버들이 실리콘밸리를 움직이는 영향력 있는 그룹으로 성장하면서 붙여진 이름이다. 어린 청년 기업 페이스북에 초기 투자한 안목을 가진 자이다. 세계 국가정보기관이 찾는 빅데이터 기업 '팰런티어 창업자'이며 미국 정재계를 움직이는 '핵심 브레인'이다.

피터 틸은 스탠퍼드 대학교에서 강의한 내용을 역은 책《제로 투 원Zero to One》에서 경쟁하지 말고 창조하라고 강조한다. 다른 기업이 이미 하고 있는 비슷한 서비스를 개발하는 것은 곧 경쟁을 의미한다. 인공지능 사회에서의 경쟁은 이익을 n분의 1로 쪼개는 구조가 아니다. 먼저 서비스를 시작한 승자 기업이 모든 것을 독식하는 구조이기 때문에 의미가 없다. 페이스북과 유사한 서비스를 만들어봐야 사용하는 사람이 없다는 것이다. 이미 페이스북을 사용하기 때문에 사람들은 새로운 서비스로 옮길 이유가 없다. 경쟁은 곧 실패를 의미하며 기업은 새로운 시장을 창조해야 한다고 거듭 강조한다. 뭔가 새로운 것을 창조하면 세상은 0에서 1이 된다. 즉, 제로 투 원이다.

"다른 사람이 한 일을 모방하는 데 그친다면
아무리 해봤자 세상은 1에서 N이 될 뿐입니다.

하지만 완전히 새로운 것을 창조하면 세상은 0에서 1이 됩니다.

내일의 승자는 시장의 치열한 경쟁 속에서 탄생하는 것이 아닙니다.

그 사람들은 하나같이 경쟁을 피하죠.

그들의 비즈니스는 세상에 단 하나만 존재할 뿐이니까요."

－피터 틸

인문학에 강한 사람이
필요하다

카이스트KAIST는 대학 내에 작은 교육혁신을 일으켰다. 실험과 혁신은 융합 인재학부의 신입생 모집 전형에서 시작된다. 학문의 장벽을 없애기 위해 학점을 없애도 듣고 싶은 과목을 자유롭게 들을 수 있다. 대신 프로젝트와 발명, 포트폴리오로 평가받아 졸업한다. 카이스트 어벤저스 교수들과 일대일 멘토·멘티 관계를 맺는다. 생각하는 공학도를 키우기 위해 100편의 책을 읽고 사색한다. 융합인재학부의 선장은 생각하는 공학자인 정재승 교수다. 실리콘 밸리를 주름잡은 스티브 잡스는 레오나르도 다빈치를 롤모델로 하였다. 빌 게이츠는 350억에 《다빈치 노트》를 경매를 통해 구입했다. 인공지능 시대를 이끄는 IT 천재들이 몰입하고 있는 것은 시대를 초월하는 인문학이다. 미래 시대를 통찰하는 지혜를 인문학을 통해 얻고 싶은 것이다.

+카이스트 혁신 미래교육

2020년 가을 인스타그램에서 놀라운 소식을 접했다. 정재승 교수 인스타그램에 올라온 카이스트 융합인재학부 신입생 모집 글이었다. 융합인재학부는 전통 학문들 사이의 장벽을 넘어 다양한 지식을 습득하고 접목할 줄아는 문제 해결형 인재를 양성하는 것이 목표이다. 교육과정은 융합 연구의 최고 교수님들의 개인 맞춤형 일대일 교육으로 진행된다. 교육 방법은 프로젝트 수업이며 자신이 만든 포트폴리오와 작품으로 평가받는다.

융합인재학부의 모든 과목은 전공선택으로 이루어진다. A, B, C, D 학점을 없애고, 'pass/fail'로 평가받는다. 융합 인재를 키우기 위해 다양한 과목을 수강해야 하는 학생들의 학점에 대한 부담을 덜어주기 위해서이다. 책 읽는 과학자, 사유 깊은 공학자를 키우기 위해 100편의 서평을 제출해야 졸업이 가능하다. 우주, 자연, 인간, 사회, 테크놀로지, 예술 등 인

카이스트의 융합인재학부

 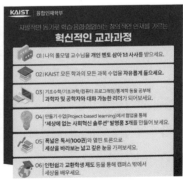

인스타그램

간 지성사와 문명에 대한 책을 읽는다. 책 읽기를 통해 삶과 세상에 대한 통찰력을 키운다. 넓고 깊은 세상에서 나무와 숲 모두를 보는 능력을 키우고 학문적 통찰력을 얻도록 한다.

"나의 재능으로 사회 문제를 해결하는 인재, 기업활동을 통해 영리 목적만이 아니라 비전을 공유하고 더 나은 세상을 만드는데 기여하는 인재, 피터 드러커의 기업 존재 이유를 실천하는 인재를 KAIST 융합인재학부에서 도와드릴게요." – Instgram @jsjong3

대한민국의 과학기술을 선도하는 카이스트 대학교에서 기술만을 강조하는 교육이 아닌 사색하고 탐색하는 교육을 하는 것이 너무나 반갑다. 학부장을 맡은 정재승 교수가 바로 이와 같은 인물이다. 정재승 교수는 바이오 및 뇌공학과 교수이며, 《과학콘서트》의 저자이자 강연가로도 유명하다. 다양한 분야의 독서를 바탕으로 과학에 대한 탄탄한 지식이 더해진다. 그리고 삶에 대한 내적 성찰을 글로 표현한다. 그의 말이나 글을 읽으면 감동이 있고 인생에 대한 깊이가 느껴진다.

✛ 스티브 잡스

IT분야의 아인슈타인과 같은 인물은 애플의 창업자 스티브 잡스이다. 스티브 잡스의 성공 비결은 인문학에 있다. 스티브 잡스가 애플이라는 독보적인 디자인을 창조할 수 있었던 것도 '인문학' 덕분이다. 스티브 잡스는 고등학교 시절 문학과 창작에 몰두했으며, 음악을 만들었고 독서를 많이 하였다. 그리고 전자 공학에도 빠져있었다. 대학 중퇴 후 학문을 선택할 자유가 주어지자 캘리그라피 강의를 청강했다. 캘리그라피의 영감으로 탄생한 것이 바로 매킨토시이다. 스티브 잡스는 2011년 아이패드2 발표회에서 "테크놀로지만으로는 충분하지 못하다. 테크놀로지는 인문학과 함께할 때 비로소 우리의 마음을 움직일 수 있다"라고 말했다.

+ 레오나르도 다빈치

스티브 잡스가 닮고 싶어했던 인물은 레오나르도 다빈치이다. 스티브 잡스가 새로운 제품을 발표할 때 자주 했던 말이 있다. "창의성이 발생하는 곳은 예술과 기술의 교차점이다. 이를 보여준 궁극의 인물이 레오나르도 다빈치이다." 레오나르도 다빈치Leonardo da Vinci는 이탈리아 르네상스를 대표하는 석학polymath이다. 그는 화가이자 조각가, 도시 건설가, 건축가, 발명가, 기술자, 식물학자, 천문학자, 지리학자, 해부학자, 음악가이다.

'비트루비우스적 인간'은 레오나르도 다빈치가 수학적으로 계산해서 그린 소묘 작품이다. "자연이 낸 인체의 중심은 배꼽이다. 등을 대고 누워서 팔 다리를 뻗은 다음 컴퍼스 중심을 배꼽에 맞추고 원을 돌리면 두 팔의 손가락 끝과 두 발의 발가락 끝이 원에 붙는다. 정사각형으로도 된다. 사람 키를 발바닥에서 정수리까지 잰 길이는 두 팔을 가로 벌린 너비와 같기 때문이다." 위키백과 '모나리자'의 미소를 만들어 내는 근육을 알기 위해 44개의 안면과 입술 근육을 일일이 해부하였다. 이를 표현할 때 색과 색 사이 경계선 구분을 명확하게 하지 않고 부드럽게 처리하는 '스푸마토 기법'을

비트루비우스적 인간(좌)과
모나리자(우)

이용했다.

빌 게이츠는 350억 원에 《다빈치 노트》를 경매를 통해 구입해 화제가
되었다. 《다빈치 노트》에는 인간의 7가지 생각 도구가 있으며, 인간 잠재
력의 비밀을 풀 수 있는 열쇠가 있다. 그의 노트에는 해부학, 식물학, 지질
학, 요리법, 농담, 우화 등의 내용과 세계 최초의 헬리콥터와 자동차, 낙
하산, 잠수함 개념도가 있다. 잠재력을 이끌어 낼 수 있는 생각 도구 중 한
가지는 '명저를 읽어라'이다. "명저와 친해지자. 죽은 자들의 말에 귀를 기
울이면 행복해진다." 《다빈치 노트》에 적힌 글이다. 다빈치가 참조한 책은
《이솝 우화》이다. 시대를 초월해 끊임없이 읽히고 있는 명저에는 보편적
인 강인함이 있다.[10]

----

10 사쿠라기와 다빈치(2020.8), 《초역 다빈치 노트》, 한국경제신문. p.199

✛ 실리콘 밸리의 교육

실리콘 밸리를 주름잡고 있는 기업들이 '왜 레오나르도 다빈치와 같은 인문학에 몰입하는가'를 주목해야 한다. 인공지능 시대의 미래 인재를 길러 내는 것을 목표로 하는 학교들이 실리콘 밸리에 설립되고 있다. 전통과 역사를 자랑하는 아이비리그 대학교 합격생들은 이 새로운 학교애드 아스트라, 미네르바 스쿨, 싱귤래리티 대학교로 발길을 돌리고 있다. 이들의 교육과정은 철학이다. 고대 그리스 철학자들이 했던 교육이다. 소크라테스식 대화법을 바탕으로 토론과 토의를 한다. 디지털 기기를 이용하지 않고 종이와 펜으로 교육하며 사색을 바탕으로 한 독서를 한다.

문법학, 논리학, 수사학 이 세 가지를 합쳐 트리비움Trivium이라고 한다. 트리비움은 '3개의 길이 만난다'라는 뜻이다. 문법학은 단순한 문법grammar 보다 더 큰 의미이다. 사물의 정의를 몸과 마음으로 깨달을 수 있는 개념들을 모두 포괄한다. 논리학은 철학적 사고를 바탕으로 "무엇이 올바른 추론인가?"라는 문제를 해결하기 위한 학문이다. 고대 그리스에서 아리스토텔레스가 처음으로 고안한 학문이다. 추론과 탐색이 기본인 논리학은 컴퓨터 과학의 기본 개념이다. 인공지능 기술의 한 분야인 전문가 시스템은 바로 이 논리학을 바탕으로 탄생했다. 수사학은 누군가를 설득하기 위해 필요한 말을 적재적소에 수식하고 어휘를 선택하는 방법이다. 논리학을 바탕으로 한 말하기와 글쓰기이다. 인간의 능력 중 기계가 대체하기 어려운 것이 있다면 말하기와 글쓰기 능력일 것이다. 단순히 논리에 맞게 말하고 글을 쓰는 것이 아니라 상대방의 마음에 공감을 일으키는 것이 수사학이다. 문법학을 기초로 하여 얻은 정보에 논리적인 사고를 더하여 상대방의 마음을 움직일 수 있는 힘이 있어야 한다. 이를 인공지능 시대에는 비판적 사고력Critical Thinking이라 한다.

+ 인문학의 본질

필자는 인문학이 중요한 진짜 이유는 바로 인간에 대한 사랑이라 여긴다. 기원전 551년경 공자가 쓴 《논어》를 읽어보라. 논어 제1편 첫 구절은 "학이시습지 불역열호學而時習之 不亦說乎"이다. 이 유명한 문장은 '배우고 그것을 때때로 익히니 기쁘지 아니한가'라는 의미이다. '인'과 '예'를 통한 도덕적 이상향을 꿈꾼 《논어》의 글이 21세기인 인공지능 시대에도 그대로 적용된다. 2000년 전 인간의 죄를 대신 짊어지기 위해 이 땅에 오신 예수 그리스도의 희생도 인간에 대한 무한한 사랑 때문이었다. 성경이 말하는 최고 가치는 바로 '사랑'이다. 그렇기에 지금도 영향력을 발휘하고 있다.

본질은 변하지 않는다. 기술이 아무리 발전하고 화려하게 변해도 인간됨의 본질을 잃지 말아야 한다. 이것이 삶의 지혜이며 미래 인공지능 시대의 경쟁력이다. 대한민국은 미래사회가 요구하는 핵심역량을 갖춘 창의융합형 인재가 필요하다. 창의융합형 인재란 인문학적 상상력에 과학기술을 활용해 창조할 수 있는 사람이며, 바른 인성을 겸비하여 새로운 지식을 창조하는 사람이다. 즉, 다양한 지식을 연결하거나 융합하여 새로운 가치를 창출할 수 있는 사람이다. 이런 인재들이 교육을 통하여 다음 세대에서 길러지길 희망한다.

참고문헌

1. 《2045 인공지능 미래보고서》, 일본경제신문사, 반니, 2019.03.02.
2. 《3000퍼센트 가치 창출의 시작 3년 후 AI 초격차 시대가 온다》, 정두희, 청림출판, 2019.07.12.
3. 《AI 사고를 위한 인공지능 랩》, 한선관 외 5인, 성안당, 2020.09.04.
4. 《AI 세대에게 딱 맞는 자녀 교육을 세팅하라》, 조향숙, 더메이커, 2021.07.05.
5. 《AI시대, 문과생은 이렇게 일합니다》, 노구치 류지, 시그마 북스, 2020.08.10.
6. 《Do it 정직하게 코딩하며 배우는 딥러닝 입문》, 박해선, 이지스퍼블리싱, 2019.09.17.
7. 《KAIST 김진형 교수에게 듣는 AI 최강의 수업》, 김진형, 매일경제신문사, 2020.11.20.
8. 《가장 쉬운 AI 입문서》, 오니시 가나코, 아티오, 2019.07.10.
9. 《괴물신입 인공지능》, 이재박, MID 엠아이디, 2020.02.04.
10. 《교양으로서의 인공지능》, 이상진, 시크릿하우스, 2020.07.29.
11. 《궁금했어, 인공지능》, 유윤한, 나무생각, 2019.05.31.
12. 《만화로 배우는 인공지능》, 미야케 요이치로, 전승민, 비전코리아, 2019.06.20.
13. 《수상한 인공지능》, 스테퍼니 맥퍼슨, 다른, 2018.03.30.
14. 《십대가 알아야 할 인공지능과 4차 산업혁명의 미래》, 전승민, 팜파스, 2018.05.20.
15. 《십대를 위한 영화 속 빅데이터 인문학》, 김영진, 팜파스, 2021.01.20.
16. 《야사와 만화로 배우는 인공지능 1,2》, 권건우, 허령, 루나파인북스, 2020.08.15
17. 《에이트: 인공지능에게 대체되지 않는 나를 만드는 법》, 이지성, 차이정원. 2019.10.21.
18. 《이것이 인공지능이다》, 김명락, 슬로미디어, 2020.07.10.
19. 《인공지능 무엇이 문제일까》, 김상현, ㈜동아엠엔비, 2020.10.26.
20. 《인공지능 시대를 살아가는 우리 아이 키우는 법》진노 겐키, 최윤영, 한스미디어, 2018.01.10.
21. 《인공지능 시대의 미래교육》 Wayne Holmes, Maya Bialik, Charles Fadel, 박영스토리, 2020.05.15.
22. 《인공지능과 딥러닝》, 마쓰오 유타카, ㈜동아엠엔비, 2020.03.30.
23. 《인공지능과 인간의 대화》, 김지현, 미래의 창, 2020.06.08.
24. 《인공지능은 뇌를 닮아 가는가》, 유신, 컬처룩, 2014.12.10.
25. 《인공지능의 현재와 미래》, 나는 미래다 방송제작팀, 보아스, 2020.04.24.
26. 《정재승의 인간탐구보고서》, 정재승, 아울북, 2019.09.18.
27. 《처음 만나는 인공지능》, 김대수, 생능출판사, 2020.01.06.
28. 《초역 다빈치 노트》, 사쿠라가와 다빈치, 한국경제신문. 2020.08.25.

웰컴투 인공지능

초판 1쇄 인쇄 2021년 11월 9일
초판 1쇄 발행 2021년 11월 16일

지은이 이경미

대표 장선희 **총괄** 이영철
기획편집 이소정, 정시아, 한이슬, 현미나
마케팅 최의범, 강주영, 이정태
디자인 김효숙, 최아영 **경영관리** 이현미
교정교열 유은경 **외주디자인** 이창욱

펴낸곳 서사원 **출판등록** 제2018-000296호
주소 서울특별시 영등포구 당산로54길 11 상가 3층 301호
전화 02-898-8778 **팩스** 02-6008-1673
이메일 cr@seosawon.com
블로그 blog.naver.com/seosawon
페이스북 www.facebook.com/seosawon
인스타그램 www.instagram.com/seosawon

ⓒ 이경미, 2021

ISBN 979-11-6822-005-8 03320

서사원은 독자 여러분의 책에 관한 아이디어와 원고 투고를 설레는 마음으로 기다리고 있습니다.
책으로 엮기를 원하는 아이디어가 있는 분은 이메일 cr@seosawon.com으로 간단한 개요와
취지, 연락처 등을 보내주세요. 고민을 멈추고 실행해보세요. 꿈이 이루어집니다.